张楚廷教育智慧

蒋已兰 著

北京理工大学出版社
BEIJING INSTITUTE OF TECHNOLOGY PRESS

图书在版编目（CIP）数据

张楚廷教育智慧/蒋己兰著. —北京：北京理工大学出版社，2016.5
ISBN 978-7-5682-2324-9

Ⅰ.①张…　Ⅱ.①蒋…　Ⅲ.①张楚廷-教育思想-研究　Ⅳ.①G40-092.7

中国版本图书馆CIP数据核字（2016）第100450号

出版发行／北京理工大学出版社有限责任公司
社　　址／北京市海淀区中关村南大街5号
邮　　编／100081
电　　话／（010）68914775（总编室）
　　　　　（010）82562903（教材售后服务热线）
　　　　　（010）68948351（其他图书服务热线）
网　　址／http：//www.bitpress.com.cn
经　　销／全国各地新华书店
印　　刷／北京九州迅驰传媒文化有限公司
开　　本／710毫米×1000毫米　1/16
印　　张／9.5　　　　　　　　　　　　　责任编辑／王晓莉
字　　数／160千字　　　　　　　　　　　文案编辑／王晓莉
版　　次／2016年5月第1版　2016年5月第1次印刷　　责任校对／周瑞红
定　　价／38.00元　　　　　　　　　　　责任印制／马振武

前　言

面对祖先，面对这片土地①

张楚廷

今天这个会议的内容之一是研究某种思想。

其实，思想就是思和想的结果。

每个人都可以思、可以想，因而每个人都可以有思想。

思得越多，想得越多，越可能有思想。

有些人在教育活动中思考了一些，想望了一些，因而就可能出一点教育思想。

教育活动中的每个人，只要思，只要想，并且还稍微努力一点，就能出教育思想。

一、我怎样走上了一条以思辨为业的道路

我似乎形成了一个习惯：只要在醒着的时候，就思着，想着，不停地思想着，刻意地思想着。

我刻意地思想，就像农民下地一样，每天清晨就扛着锄头下地了，就开始思考了。我的锄头也许是笔，我的田地也许是纸，但这只是从锄头、田地到笔墨、纸张的一个平移变换。

祖先赐予我一双手，也赐予我一个头脑。我常常指着自己的这个地方（脑袋）对自己说，这是祖先赐给我的最宝贵的东西，在火化之前一定要不停地运转，有效地运转。于是，就源源不断地有了一些被称为思想的东西出来。

我从父母那里追溯而上，到祖父母，到曾祖父母，到祖先，再到我们的民族。这样，我也把自己勤于思想的行为与自己的民族联系起来。

但是，环境有时迫使你不能有效思考，甚至迫使你停止思考。

确实，这种环境因素是多方面的，不同的时候都存在，在某些时候还可

① 此文为张楚廷先生在“湖南省高等教育热点暨张楚廷大学治理思想研究”论坛上的发言。

能特别严重地存在。在这种情形下不断地把握自己，不断地思考，就显得格外不容易，因而也格外重要。

思想是有效的，就必须是自由的；思想是自由的，才会是有效的。所谓把握自己，也就是把握自由。

权威，威权，以及其他一些功利的要素，都可能影响或消减自己的自由，从而影响自己的思想。

我非常尊重他人，但这种尊重是与保有自己的独立人格平行存在的。

我非常愿意了解别人，却非常不愿意模仿别人，因为模仿充其量是思想的一种雏形状态。

我自认为自己属于知识分子。知识分子的基本特征就是思想者，独立思考，独立行事。因而，独立人格的丧失，就是知识分子的身份丧失，或者说是失魂落魄式的丧失。

所以，我常对自己说：在做人上，与众相同；在做事上，与众不同。以最平凡的方式生活，以最独特的方式思考，以一种独特的思维方式生活在平民之中。而且，唯有独立思考的知识分子才是真正生活在平民之中的。

也许，在我的著述里，甚至在哲学或理论的著述里有许多日常话语或口语化的表达，而这可能就是那种来自平民的习俗。也许还有一些幽默或诙谐，但那也正是存在于平民之中的自娱自乐。

二、我为何有这样许多的可思可想

我在选题上十分飘逸，任其游弋，因而涉及的领域相当宽广。

有人问，我也自问：为什么会有如此众多的题材？

实际上，我也形成了自己的信念。

我深信，学问，学问，就是学着去问。因此，我想做学问，我就需要不停地问。而不停地询问正是产生众多题材的必要条件。

同时，我又深信，真正称得上思想的思想，都是批判式的、质疑式的。

思想史、哲学史，就是批判史、质疑史。

也正是基于这些信念，我才有日常生活中众多的问题，并且形成了我的一种询问格式。面对一件事情或一段话语，我的第一问是："对不对？"对了，再问："够不够？"够了，还问："好不好？有无更好？"若不对，就去寻求对；若不够，就去充实；若还不足够好，就去完善，寻求更好。

这样，久而久之，就有了一种习惯——不停思索的习惯，不停质疑的习惯，不停剖析的习惯，不停层层询问的习惯。

问题为何有那么多呢？它本就有那么多。

题材为何有那么多呢？它本就有那么多，只看你是否去发掘，看你如何去发掘。

所谓思想丰富，就是把本有的矿藏比较充分地挖掘出来了。

所以，我觉得还不只是一个信念问题，确实还需要经过许多磨砺。

可以对上天说，我真的是每天“扛起锄头下地”的，挖掘不止，探寻不止，笔耕不止，写作不止，直到我再也扛不起这把“锄头”。

我相信灵感，我更相信勤能补拙，灵感常常是在冥思苦想之中产生的。

在我的文集里，开篇有这样一首自题的诗：

来自江汉平原的一个村口，
依在上天之下的一片热土，
手捧祖宗馈赠的一箱帛竹，
肩扛朝耕夕作的一把锄头。

曾闻铸就宇宙的一声怒吼，
凝望日月星辰的一缕素数，
吟聚人间诗篇的一湾溪流，
敬伺毫秒构筑的一束冬秋。

这大体上描述了我的经历，我的走向。

我确信着，思考着，耕耘着，磨砺着。我也跟常人一样，有过忧伤，有过退缩；有知足常乐，也有自知不足而愧对祖先。这两方面都在帮助我，让我生活在一个思想的世界里，同时，也让我生活在一个情感的世界里。

路并不总是平坦的，生活并不是只有阳光的。也正因为如此，把生命一切潜藏的能量尽量调动起来不仅必要，而且特别不易，因而特别珍贵，我一直为此而努力。

三、校长岗位给了我什么

感谢时代赐给了我一个校长岗位，在这个岗位上的二十多年，使那块我自己可耕耘的土地扩大了许多。

我深感上天关照到了我，无论如何我要在这个天赐的舞台上演绎属于我们这个时代的故事。不只是做这个舞台上的演员，也可以成为一名导演。并且，这个剧本也应当是由自己来创作。

大学是一个特殊的舞台，十分壮观的舞台，当今最智慧的头脑就聚集在这里。我知道这个舞台的分量，我知道这个舞台对于我们时代的意义，因而总想要不愧对大学校长这个角色。

大学是思想的殿堂，是思想家的摇篮。大学应当有培养思想家的思想家。这才是真正的大学。实际上，大学校长的使命就在于让大学成为真正的大学。

这就是我之所想，也是我之所为。

四、无限的感恩

人类最古老的文明总是与河流联系在一起。

我们伟大的中华文明与长江、黄河联系在一起。

我生长在奔腾浩荡的汉水和滚滚东去的长江之畔，生活在自南向北川流不息的湘江之滨。

我生活在河川纵横之地，生活在文明开化之乡。这片土地养育了我。我永远感恩这一方神奇的土地，感恩这一脉壮丽的山川，感恩我们的祖先。

人在我心中，我才在人中。

我的心让一个高高大大的“人”字横贯在我的著述之中。

感谢支持我、关心我、帮助我和怀疑我、质疑我的所有人，感谢所有的朋友、同行和各位领导同志。

序

张楚廷先生不仅是当今中国高等教育舞台上一位全国闻名的大学校长，一位杰出的校长教育家、哲学家、思想家，更是一位锐意进取的改革家，一位笔耕不辍的著名学者。其著作等身，教育思想博大精深，自成体系，高扬人主义大旗，以人为出发点，以人本身的发展为目的，以促进人的自由全面发展为宗旨，所有的教育活动都围绕人展开。其教育著作、论文、报告通篇见人，其教育实践活动处处体现出人的价值，始终把尊重人、关注人放在首位，彰显其独特的教育理论与实践智慧。

张楚廷教育理论智慧即思的智慧，其核心思想是人主义。认为教育的根本立足点在人，人是平等的、神圣的、至高无上的。强调尊重人、欣赏人、教育人、发展人，特别关注人权、人性、人格，关注人的尊严、自由、个性发展以及人的解放。因此，人主义与人本、神本、物本、社本、官本有着本质的区别和不同。他汲取古今中外伟大教育家的思想精华，遵循保守与超越两条路径，形成了独具风格的人主义教育理论。无论是教育对象、教育目的、师生关系还是教学方法，都深刻地体现出人文、人性、人权、自由、平等、博爱的理论情怀。其理论研究成果丰硕，理论智慧的结晶中，既包括对已有教育理论发扬光大的人的全面发展理论与素质教育理论，又包括其原创的生命论、教育公理和及“五 I”思想等。

张楚廷教育实践智慧主要体现在教、行、管三个方面。

张楚廷“教”的智慧集中体现在“人与学”。在他看来，大学就是一个大写的“学”字，是大学“人”对“学”的追求与探索。学生在大学“求学问”，学习乃学生的天职。大学生正处于生命力最为强旺的人生阶段，与人交流的技巧、人际关系的处理、自强自立、学会学习等都是大学生学会生存的主旨。增长知识，增加才干，改善思维结构，提高道德水平，学习实现自我与超越自我，这是大学生学会成长的关键。养成良好的生活习惯，培养自己独特的审美情趣和志趣爱好，这是大学生学会生活的基石。大学生更要学会珍爱生命，爱己及人，既珍爱自然生命，也珍爱精神生命与社会生命。教师在大学“做学问”，学术是教师的生命。体现教师“做学问”的载体是教学，教学是一个教师创造性地传授知识、与学生心灵神往和开发新课程的过程。

教师“做学问”的活水源泉是科研，它不仅可以有效促进教学，还可以创造更多的物质财富和精神财富。教师“做学问”的价值体现在为社会服务，而学术自由是其有力保障。

张楚廷“行”的智慧，就是其一以贯之地践行人主义教育思想。他以学生至上的“生本位”学生观作为其教育思想的逻辑起点，以师为本的“师本位”教师观作为其工作的出发点和落脚点，坚决摒弃“官本位”，把“官本位”看作大学身上的毒瘤。大胆进行改革，坚定不移地贯彻执行三个“千方百计”：千方百计建设一支高水平的师资队伍，以其独特的眼光率先大量招聘博士、引进知名教授，从根本上关注人的发展；千方百计改善办学条件，开辟了一条“财从才来”的学校发展新道路，为促进人的发展提供有力保障；千方百计建设好学校的隐性文化，寓教于无声的隐性文化中，加强观念文化建设，注重建设隐性文化载体，营造良好氛围，不断提高教学质量，有效促进人的全面发展。

张楚廷“管”的智慧体现在其学校管理活动中，以人为本，充分发挥人的主观能动性，实行神管形不管。认为人是可生长的，人是可发展的，人在不断求真、求善、求美的过程中，把“自己”培养成为“自己”，后一个“自己”比前一个“自己”更聪明、更智慧、更高大、更高尚、更完美。其管理智慧集中体现在目标管理、民主管理与法规管理的“三大管理”原则中，即“运用目标进行管理，按照民主的原则进行管理，应用法规的手段进行管理”。其中，目标管理是核心，有效表达方式是民主管理，法规管理是保障。“管”与“不管”是学校管理的两个方面，“不管”是为了更好地“管”在点子上，寓“管”于“不管”之中，达到建设和谐美好校园的目的。

目　　录

引言 …… 1
　一、研究缘起 …… 1
　二、研究意义 …… 7
　三、相关研究述评 …… 9
　四、核心概念界定 …… 24
　五、研究思路与方法 …… 29
　六、创新之处 …… 30

第一章　张楚廷教育智慧形成背景 …… 32
　第一节　时代背景 …… 32
　第二节　个人背景 …… 33
　　一、童年记忆 …… 33
　　二、求学生涯 …… 35
　　三、峥嵘岁月 …… 37
　第三节　学术与实践背景 …… 40
　　一、大学时光 …… 40
　　二、在自学与奋斗中求发展 …… 42
　　三、走上大学行政管理之路 …… 43
　小结 …… 45

第二章　思的智慧：保守与超越 …… 46
　第一节　理论宗旨：人主义 …… 46
　　一、人主义 …… 46
　　二、人主义与人本、神本、物本、社本、官本 …… 48
　第二节　理论路径：保守与超越 …… 49
　　一、教育对象：人人平等 …… 49

二、教育目的：人的发展是根本 …… 50
三、师生关系：主导与主体 …… 51
四、教学方法："问题"教学法 …… 52
第三节 理论结晶 …… 53
一、人的全面发展理论 …… 54
二、素质教育理论 …… 56
三、生命论 …… 58
四、教育公理 …… 59
五、"五 I"思想 …… 61
小结 …… 63

第三章 教的智慧：人与学 …… 65
第一节 学生"求学问"：学习是学生的天职 …… 65
一、基础：学会生存 …… 66
二、关键：学会生长 …… 67
三、保障：学会生活 …… 69
四、永恒主题：学会珍爱生命 …… 70
第二节 教师"做学问"：学术是教师的生命 …… 72
一、载体：教学 …… 72
二、活水源泉：科研 …… 76
三、价值体现：社会服务 …… 78
四、有力保障：学术自由 …… 79
小结 …… 80

第四章 行的智慧：践行人主义 …… 82
第一节 一以贯之的人主义教育思想 …… 82
一、逻辑起点：学生至上的"生本位"学生观 …… 82
二、工作出发点和落脚点：以师为本的"师本位"教师观 …… 86
三、摒弃"官本位"，视"官本位"为大学身上的毒瘤 …… 89
第二节 贯彻落实三个"千方百计" …… 92
一、师资队伍：从根本上关注人的发展 …… 92
二、改善办学条件：为促进人的发展提供有力保障 …… 96
三、优秀的隐性文化：有效促进人的全面发展 …… 99
小结 …… 102

第五章 管的智慧：神管形不管 …… 104
第一节 基本理论依据：人是可生长的，人是可发展的 …… 104
一、人是可生长的 …… 105
二、人是可发展的 …… 106
第二节 集中体现："三大管理"原则 …… 107
一、核心载体：目标管理 …… 107
二、有效表达方式：民主管理 …… 111
三、有力保障：法规管理 …… 114
小结 …… 116

结语：面向人的教育 …… 118

附录 …… 120

参考文献 …… 123

后记 …… 134

引　言

1998 年，湖南师大原副校长陈钧教授在《湖南日报》上发表文章，称张楚廷先生为教育家。

1999 年，北京大学高教所原所长喻岳青教授在北京召开的一次全国高校教学研究会上称张楚廷先生为当今中国的教育家，2014 年在北京的一次学术会上再次重申了他于 15 年前所得出的结论。

2001 年，眭依凡教授（不久后担任江西师范大学校长）在他的博士论文中称张楚廷先生为学问家式的校长教育家。

2005 年，上海高教学会会长杨德广教授介绍前往上海交通大学做学术报告的张楚廷先生为哲学家。

2007 年，华中科技大学教育科学学院院长张应强教授在一次学术演讲中称张楚廷先生为思想家。

2010 年前后，有一些人称张楚廷先生为理论家、实践家。

2011 年，湖南省举办了以"张楚廷教育思想研讨会"为主题的高等教育热点论坛，会上文东茅教授称张楚廷"不仅是一位杰出的教育家，更是一位巨人思想家"。张应强教授称张楚廷"是一位敢探未发明新理的'创造教育家'和敢入未开化边疆的'开辟教育家'……是具有教育家智慧的大学校长……是教育思想家型大学校长"。

2014 年，《张楚廷诗集》出版，于是又有人称张楚廷先生为诗人。黎利云博士则称张楚廷先生为演说家、批判家。

2015 年 6 月 2 日，湖南大学教育科学研究院副院长胡弼成教授在湖南师范大学教育科学学院高等教育学博士论文答辩会上，称张楚廷先生为百科全书式的思想家。

然而，笔者认为张楚廷先生更是一位改革家。由他主政的两所大学，锐意进取，开拓创新，根据国情、省情、校情，审时度势，大胆改革，实现了跨越式、超常规发展。

一、研究缘起

如前所述，在当今中国高等教育舞台上，张楚廷先生（1937—　）是一位充满传奇色彩的人物。他出生于印度尼西亚，祖籍湖北天门，自幼生活在湖北沔阳。在武汉三中念完中学后，大学就读和毕业就职任教皆在湖南师范大学，退休至今执掌湖南涉外经济学院。他不仅是一位全国资深的大学校长，而且是一位全国知名的教育专家，更是一位享誉全国的著名学者。他能思善辩，特立独行，谱写出华彩的人生篇章。

张楚廷先生的教育思想博大精深，自成体系。从理论到实践，无不折射出一个大写的“人”字，让“人”大放异彩。“在中国，张楚廷是对人本教育探讨最多、研究最深、贡献最大的第一人。”① 先生累积数十年的实践、经验与思考，撰写了一系列的著作与论文，内容丰富，涵盖面广泛，尤其是《张楚廷教育文集》（第一套《张楚廷教育文集》第 1 ~ 10 卷由湖南教育出版社于 2007 年 4 月出版发行，第二套《张楚廷教育文集》第 11 ~ 20 卷由湖南人民出版社于 2012 年 8 月出版发行，第三套《张楚廷教育文集》第 21 ~ 32 卷由西南师范大学出版社于 2015 年 1 月出版发行），集中展示了先生独特的教育智慧，为我国高等教育事业做出了杰出贡献。

（一）卓越的治学治校成就以及伟大的人格感召力

首先，张楚廷先生作为全国资深的大学校长，是新中国成立以来中国大学领导人中任职时间最长者之一。1982—2000 年，张楚廷先生担任湖南师范大学校长达 18 年之久。他于 2001—2009 年担任湖南涉外经济学院院长，2010 年至今一直担任湖南涉外经济学院名誉院长。在张楚廷先生长达 30 多年的校长生涯中，他运用自己独特的教育智慧以及对教育事业的无比热爱，高屋建瓴，运筹帷幄，创造了两大“神话”。第一个“神话”是在张楚廷先生的英明领导下，内陆省属的湖南师范大学从奋进中崛起，于 1996 年进入国家“211 工程”重点大学行列；第二个“神话”是张楚廷先生从湖南师范大学校长岗位上退休之后，执掌湖南涉外经济学院的建设，将其创办成为我国当今民办教育中发展快、办学实力强、人们满意的本科院校之一。

其次，张楚廷先生是一位全国知名的教育专家。他曾荣获湖南省最高教育奖——徐特立奖，曾任全国大学生素质教育指导委员会副主任、教育学名词审订委员会副主任、全国高等教育管理学会常务理事、全国高校教学研究会常务理事、中国高等教育学会学术委员会委员、全国高等师范院校面向 21 世纪教学内容与课程体系改革指导委员会委员、全国学位与研究生教育发展研究武汉中心学术委员、中国教育学会理事、教育部教师教育专家委员会委

① 谭伟平．张楚廷人本教育思想探究［C］//燕良轼，刘宇文．张楚廷教育思想研究．长沙：湖南大学出版社，2009：59.

员、湖南省教学质量评估委员会副主任等 20 多个社会兼职。先后承担国家、教育部 21 世纪的中国高等教育教学改革与素质教育、教学论综合研究、大学人文精神构架、素质教育理论研究等课题研究任务；承担湖南省高校素质教育研究、微格教学研究等课题研究任务。张楚廷先生被评为湖南十位优秀社会科学家之一，并荣获国家级一等奖一项（2001 年），国家级二等奖一项（1997 年），省部级奖四项。

最后，张楚廷先生是一位享誉全国的著名学者。张楚廷是湖南师范大学数学教授、教育学教授，华中科技大学和北京师范大学兼职教育学教授，博士生导师，湖南省教育科学研究院学术顾问，指导过博士、硕士 120 多人。张楚廷先生德高望重，至今已从事大学教学 56 年，讲授过 23 门不同课程，其中有 15 门课程是其开发的新课程，教材是他亲自编写或撰写的，大多数是其最新的科研成果，他先给学生亲自讲授该课程，然后再结集成书出版发行。此外，张楚廷先生长期致力于学术研究，特别是在课程与教学论、高等教育、教育原理以及哲学原理等领域的研究颇有建树。至今为止，他已累计写了 2 700多万字，全部都是用方格稿纸写出来的，方格稿纸堆起来有 5 米多厚，比两个姚明还高。在人民教育出版社、高等教育出版社、教育科学出版社、湖南师范大学出版社、华中科技大学出版社、南方出版社、北京师范大学出版社、湖南教育出版社、西南师范大学出版社等出版学术著作 100 多部，其中独著 75 部，其余为合著或主编，内容主要涉及数学、教育学、心理学、管理学、哲学等 8 大领域。他独著的重要著作有：《教学论纲》《素质，中国教育的沉思》《人力学引论》《教学原则今论》《高等教育哲学》《教育哲学》《大学人文精神构架》《高等教育哲学通论》《学校管理学》《教育基本理论——一种基于公理的教育学》《教育论》《教学细则一百讲》《高等教育学导论》《教学论概要》《教学协同效应研究》《校长学概论》《课程与教学哲学》等教育学著作。其中，他于 2003 年出版发行的专著《课程与教学哲学》，“在中国课程哲学领域具有里程碑式的意义，填补了国内该领域的空白”①。由于其所具有的独创性、科学性与深刻性，该著作于 2010 年荣获我国第十四届国家图书奖。2004 年出版的另一部著作《高等教育哲学》，为我国首部高等教育哲学专著。此外，张楚廷先生还出版了一些心理学专著，例如《子女的培育》《学校管理心理学》《数学与创造》《数学教育心理学》等；数学专著有《猜想，一道绕不过的湾》《数学文化》《微积分基础》《大学数学概要》《复变函数学习导引》《数学方法论》等。张楚廷先生经常在一些具有全国性

---

① 黎利云. 人的教育与人的课程——张楚廷课程理论特色及成因［J］. 大学教育科学，2014（5）：9－16.

影响的重要刊物上发表文章，诸如《教育研究》《中国高教研究》《高等教育研究》《中国教育学刊》《中国高等教育》《课程·教材·教法》《现代大学教育》《大学教育科学》等。迄今为止，他已发表各类学术论文 1 200 多篇，诗作 1 058 首。如今的张楚廷先生依然在勤奋地耕耘着，他把笔比作锄头，把纸比作田地，正如他在《面对祖先，面对这片土地》的报告中所表示的："我真的是每天'扛着锄头下地'的，挖掘不止，探寻不止，笔耕不止，写作不止，直到我再也扛不起这把锄头。"①

张楚廷先生的教育思想与实践在中国高等教育领域有着深远的影响。知名教育学者刘献君先生慨叹：张楚廷乃天才也。眭依凡教授在评价中国当代教育家时说："朱九思为政治家，张楚廷为学问家，曲钦岳为科学家，同样成为当今中国最杰出、最有治校成就的校长教育家。""张楚廷校长则教育理论著作等身，成为影响极广的教育专家。"② 华中科技大学教科院院长、博士生导师张应强教授曾在一篇题为《思想自然流淌的教育思想家》的文章中指出："中国教育学界真正能够称得上教育思想家的，我认为张校长就是其中非常著名的一位。能够把'校长''学者''教育家''教育思想家'这样一些称号集于一身的人，更是凤毛麟角，但张教授是，且当之无愧。"③ 他认为张楚廷"不是中国著名大学的校长，但是他是著名的中国大学校长""执着的教育价值追求、对教育事业的无限热爱、坚定的教育信念、丰富的教育家智慧，成就了张楚廷校长的教育家人生"④。长江大学党委副书记朱业宏教授认为："张楚廷先生对教育的兴趣、乐趣、雅趣，以及他作为一个学者、师者、校长所展现出来的才情、仁爱、智慧和清醒，具有完全的张氏风格，好像他天生就是来完成某种教育使命的。"⑤ 全国的教育学博士点均对张楚廷先生做出了很高的评价，迄今为止，全国已有 26 个省市的 200 多所大中小学和科研机构先后邀请张楚廷先生做过 400 多场学术报告。

（二）独特而丰富的人主义教育思想——面向人的教育

我国伟大的领导人、改革开放的总设计师邓小平曾经提出教育的"三个

---

① 张楚廷．面对祖先，面对这片土地［C］//刘铁芳，高晓清．张楚廷教育思想研究（第 2 集）．长沙：湖南大学出版社，2015：1－4，序 1.

② 眭依凡．大学校长的教育理念与治校［M］．北京：人民教育出版社，2001：368－369.

③ 张应强．思想自然流淌的教育思想家［C］//燕良轼，刘宇文．张楚廷教育思想研究．长沙：湖南大学出版社，2009：4.

④ 张应强．建设保障教育家办学的现代大学制度［C］//刘铁芳，高晓清．张楚廷教育思想研究（第 2 集）．长沙：湖南大学出版社，2015：2－5.

⑤ 朱业宏．我读张楚廷［C］//刘铁芳，高晓清．张楚廷教育思想研究（第 2 集）．长沙：湖南大学出版社，2015：23－28.

面向”，即“教育要面向现代化，面向世界，面向未来”。张楚廷认为这还不够，教育最主要的是要“面向人”！这是教育的本质之所在。他把人之为人的教育称为人主义，意思是指上天之下的人，具有绝对性，没有相对面，对“人是什么”的回答是教育理论更基本的前提；始终以人为出发点，以人为归宿，把对人的关怀与重视作为人主义教育思想立论的重要基石，处处流露出他对人本身的尊重和珍爱！

在张楚廷看来，“人在我心中”，故而“我的心让一个高高大大的‘人’字横贯在我著述之中”①。在其著作和论文中，随处可见“人”，构筑的是一个个“人”的世界。

《课程与教学哲学》这本书，“人”字出现了 3 774 次，仅在第十三章《人文引领的和谐课程观》中，“人”字就被提到 1 337 次，且专辟一节标题即为《人论》，写了 12 页，将近 10 000 字的长篇大论，集中讨论了“人是什么”的问题，认为“人是什么”的问题具有最深奥、最需要智慧的性质，并从空想社会主义者欧文的思想和人本主义心理学家马斯洛的需要层次理论出发，探讨了马克思、恩格斯关于人的若干论点，比如“人有许多需要”“他们的需要就是他们的本性”“自由自觉的活动恰恰是人类的特性”“自由个性”“自由发展”“充分自由发展”“人也是按照美的规律来塑造自己”等，以此来说明人天生就有对尊严、自由和美的渴望，“人是需要乃其本性之一的那种生命”②，张楚廷进一步开列出了一个包括“人是可以自己赋予自己新的生命的生命，人在发展中发展自己，成为他自己”③ 等在内的 24 个回应小清单。

在《高等教育哲学》一书中，3 307 次提到了“人”字。认为高等教育原本就是作为人生活的一部分而诞生的，是人的特殊生命活力的进一步上扬与腾升。如他所说：“我们也看到了高等教育的生命论根基。”④ 故此，他旗帜鲜明地提出了基于生命论的高等教育哲学观。他满怀激情地写道：“如今的中国，人字越写越大，从政治学的角度，我们看到了最基本——人权；从社会学的角度，我们回到了最基本——人心；从心理学的角度，我们回到了最基本——人性；从科学学的角度，我们回到了最基本——人学；从课程学的角度，我们回到了最基本——人文（课程）；从经济学的角度，我们看到了最

---

① 张楚廷．面对祖先，面对这片土地［C］// 刘铁芳，高晓清．张楚廷教育思想研究（第 2 集）．长沙：湖南大学出版社，2015：1 -4，序 1.

② 张楚廷．课程与教学哲学［M］．北京：人民教育出版社，2003：331 -332.

③ 张楚廷．课程与教学哲学［M］．北京：人民教育出版社，2003：336.

④ 张楚廷．高等教育哲学［M］．长沙：湖南教育出版社，2004：28.

基本——人才；从伦理学的角度，我们看到了最基本——人格；从哲学的角度，我们大踏步地走向最基本——人!"①

《教育哲学》也是通篇见"人"，3 100 多次提到"人"字，处处洋溢着生命气息，正如书中所言："'教育的对象是生命'或'教育的对象是有生命的人'。"②"本书关于教育的主题不需要我们说那么远，我们暂且可以把更神奇的地球搁置一下，还是来讨论生命，并且，还只讨论人这种生命，它可能是神奇生命中的神中之神。"③"人通过自己的意识作用于自己，人通过自己的意志作用于自己，并且，在作用之中构造了自己新的生命。教育如果清楚地看到了这一点，也就大体看清了自己的使命。"④从本质上去探究教育的第一问——"人是什么"或者"生命是什么"，并从理论到实践，详细解答了"人的根本就是人本身，抓住了这个根本就抓住了教育的根本"⑤这个富含哲理性的命题。

在张楚廷的论文中，标题直接冠以"人"字的论文就多达30多篇。诸如《自由是人的同义词》《与人俱进》《教育学与人学》《上天之下的人本》《新世纪：教育与人》《与人本相对的东西是什么》《教学改革与人本思想》《人主义谓何》《数学文化与人的发展》《语言与人生》《教育因培养独特的人而独特》《人的固有性、可能性和现实性——兼论教育目的》《创造——人的天性》《做事与做人》《人的精神决定了大学的产生——我的教育观》《人的意义》《做校长、做学问、做人》《人的教育需要人的课程来支撑》《大学人文教育与人的解放》《论人的课程》《读书的人归谁管》《以人为本与教育学改造》《教学改革的"人与问"》，等等。

通过著书立说、发表论文、做报告、做讲座等形式，张楚廷先生深入浅出地从多角度、多视野、多领域来阐释人的神圣与复杂，歌颂人的真善美，赞美面向人的教育对于人的发展的神奇与伟大。其一以贯之的人主义教育思想，从理论到实践，详细、系统、全面地论述了教育的第一使命是"让人像人，让人更高大"。人是通过教育把"自己"培养成为"自己"的，这后一个"自己"比前一个"自己"更富有、更聪明、更智慧、更高尚、更完善、更完美。

---

① 张楚廷．高等教育哲学［M］．长沙：湖南教育出版社，2004：433.

② 张楚廷．教育哲学［M］．北京：教育科学出版社，2006：23.

③ 张楚廷．教育哲学［M］．北京：教育科学出版社，2006：23.

④ 张楚廷．教育哲学［M］．北京：教育科学出版社，2006：107.

⑤ 张楚廷．教育哲学［M］．北京：教育科学出版社，2006：27.

二、研究意义

张楚廷先生长年坚持笔耕不辍，几十年如一日，让人惊叹。他发表和出版了大量著述，用张应强教授的话说就是一个“中国教育学界的神话”①。张楚廷教育思想作为我国“现世本土教育人物教育思想的范例”②，对我国的教育理论与实践都产生了广泛而又深远的影响，充满了睿智，焕发着璀璨的光芒。本书系统、深入地研究张楚廷先生的教育智慧，具有深刻的理论和实践意义。

（一）有利于更好地构建与完善我国的教育理论

教育学这门学科在我国的起步和发展都滞后于西方发达国家，大多数的教育理论都是由西方“移植”过来的，有些甚至是照搬照抄，以至于造成了很多的“水土不服”，不利于我国教育事业的健康、良性发展。

随着我国综合国力的不断提升，人们对教育的发展有了更高的期待。教育不仅能够促进文化的发展，提高国民的文化素养，而且直接对经济发展有着巨大的促进作用，是经济发展的“强大动力源、推进器”，更能够有效促进政治的进步与变革，促进社会的发展，“成为社会问题冷静、客观、深邃的思想者、研究者”③。归根结底一句话，教育能够促进人的发展，提高人的综合素质和能力水平。因为只有人的发展才是文化、经济、政治、社会发展的出发点，离开了人的发展，就如同无源之水、无本之木。

张楚廷先生基于人的人主义教育思想，正是建构在充分吸收与借鉴西方先进教育理论基础之上，立足于中国国情与其独特的文化范式，能够真正有效解决我国教育的现实问题，是具有我国民族个性的教育理论。这主要体现在其理论的质疑精神、思辨精神和创新精神，是“勇气和智慧的结晶”④，是“中国特色教育学”“中国特色高等教育思想”的重要组成部分，既具有典型的“中国性”和“教育学属性”，又具有明显的“张楚廷风格”，是我国本土教育理论不可或缺的教育理论源泉，对丰富和完善我国的教育理论宝库起到

---

① 张应强．思想自然流淌的教育思想家［C］//燕良轼，刘宇文．张楚廷教育思想研究．长沙：湖南大学出版社，2009：4.

② 段慧兰．走向人的自觉——张楚廷教育思想历程研究［D］．长沙：湖南师范大学教育科学学院，2014：2.

③ 张楚廷．高等教育学导论［M］．北京：人民教育出版社，2010：101.

④ 蒋冀骋．勇气和智慧的结晶［C］//燕良轼，刘宇文．张楚廷教育思想研究．长沙：湖南大学出版社，2009：1.

了重要作用。

张楚廷先生的教育思想是一个丰富多彩、琳琅满目、充满智慧和诗情画意的精神世界，有着文学的豪放，哲学的睿智，美学的优雅，伦理的神圣，人格的崇高以及教育心胸的深邃、豪迈与博大。其教育思想不仅有着先生56年教学生涯的辛勤耕耘与实践，30多年的大学成功管理经验与成就，而且有着先生几十年来对教育问题的思考、认识与探索的结晶。“张楚廷的教育理论不是板起面孔的空洞说教，而是让我们感觉到他心平气和地与读者促膝谈心，他的教育理论有着深厚生活底蕴与哲思。”[①] 这是一种接地气的、亲民的教育思想。

（二）有利于为我国的现实教育问题提供借鉴和参考

张楚廷先生的教育思想，都是在其学习、工作和生活的基础上凝结而成的，具有浓郁的本土气息，用他自己的话说就是“从地上长出来的”[②]。因此能够对我国的教育实践活动产生积极的正向影响，促进教育问题的实时有效解决。

1. 有利于树立“面向人”的教育理念

长期以来，由于种种原因，我国的教育理论与实践走过了一些坎坷曲折的发展道路，在教科书中“看不到人”，不利于我国经济、政治和文化的和谐、健康发展。张楚廷先生的教育思想，主张以人为本，从人出发，面向人，关注人，不仅从教育学中要能够看到人，从教育哲学中也要能够看到人，高等教育的根基更是起源于人。他十分坚定地提出了“生命论”的观点，认为“生命论哲学不仅涉及教育的本性、基础，而且涉及它的功能，不仅涉及其历史，也涉及今天”[③]。在教育实践活动中，一切以人为出发点和归宿点，尊重人，欣赏人，充分发挥人的主观能动性，给人以自由发展的时间和空间，相信“学术即自由，自由即创造”，创造力不是教出来的，是培养出来的。

2. 有利于形成“人和问”的课堂教学氛围

一直以来，我们的课堂教学气氛沉闷而又死板，教学内容日显陈旧，基本上都是一种“满堂灌”的教学模式，教师讲，学生听，照本宣科，以教科书为蓝本，有着比较明确的教学目标和教学任务，教师可发挥的空间较少。张楚廷认为在教学实践中，要大胆进行教学改革，从教学目的、教学内容、

---

① 燕良轼，刘宇文．张楚廷教育思想研究［C］．长沙：湖南大学出版社，2009：1.

② 张楚廷．教学改革的“人和问”［J］．高校教育管理，2015（2）：8－11.

③ 张楚廷．高等教育哲学［M］．长沙：湖南教育出版社，2004：28.

教学方法等方面进行改革与创新，主张“教学改革的‘人和问’”①。在张楚廷看来，做学问就是学着“发问”，意即学生要学会发问，教师则要引导学生常问、多问、善问。在张楚廷的心目中，“能引导学生常问、多问的老师是好老师，能引导学生爱问、会问的老师是更好的老师，能引导学生把自己问倒而挂在黑板上了的老师是最好的老师。聪明的人常问，智慧的人善问，天才的人能够石破天惊，一问惊天下”②。唯其如此，我们的课堂才会生机勃勃、生龙活虎、趣味横生，才能更好地激发学生的好奇心、创造性，促进学生的学习热情与激情，从而有利于教学质量的日益提高。

三、相关研究述评

由于张楚廷教育思想影响广泛，所以研究者甚多，主要集中在两个地方，一是中国知网，二是《张楚廷教育思想研究》论文集。2011 年，湖南省高等教育学术年会以及湖南省高等教育热点论坛均以研究张楚廷教育思想为主题，掀起了一股研究张楚廷教育思想的热潮，引发了湖南省乃至全国高等教育管理者及研究者们对张楚廷教育思想的深度思索与探究。时任湖南省高等教育学会副会长、湖南大学副校长的张兢教授在湖南省 2011 年高等教育学术年会会议总结时提出：“张楚廷的教育思想博大精深，我希望在湖南能够形成一个麓山学派或者称之为张氏学派，把张楚廷先生的教育思想发扬光大。”张楚廷教育思想的重要性凸显，其思想价值与现实意义得到了人们的广泛关注与重视。随着研究张楚廷教育思想者日益增多，其教育思想及其教育智慧受到了普遍关注。

据笔者在中国知网上用“主题”“关键词”等进行不完全检索与参阅相关资料（虽经笔者多次检索，但不免存在遗漏），搜索到 113 篇有效文献、4 篇硕士论文、8 篇博士论文。

4 篇硕士论文分别是：2005 届姚晓峰的《张楚廷大学理念研究》、2007 届黄军山的《张楚廷“五 I”课程观研究》、2009 届龚常的《张楚廷大学管理理念研究》、2010 届李兰的《大学教师教学实践性知识个案研究》。

8 篇博士论文中，有 4 篇直接用“张楚廷”做标题，分别是：2014 届段慧兰的《走向人的自觉——张楚廷教育思想历程研究》，2015 届黎利云的《张楚廷“五 I”课程思想研究》、姚敏的《张楚廷大学管理思想研究》，2016 届刘阳科的《人的课程：张楚廷“五 I”课程思想研究》。另外 4 篇博士学位

---

① 张楚廷. 教学改革的“人和问”[J]. 高校教育管理，2015（2）：8－11.

② 张楚廷. 教学改革的“人和问”[J]. 高校教育管理，2015（2）：8－11.

论文虽然在标题中没有直接标注“张楚廷”，但其研究的思想火花和精髓都来自张楚廷的教育思想，都对张楚廷教育思想进行了深入研究并发扬光大。它们分别是：2005 届谭伟平的《大学人文教育与人文课程》、2007 届魏饴的《大学素质教育与教育回归人本》、2011 届陈飞虎的《大学教育智慧》、2015 届林伟红的《湖南师范大学 20 世纪八九十年代人本治校研究》。此外，还有沈又红的博士论文《张楚廷教育思想研究》正在紧锣密鼓的撰写当中，预计将于 2016 年通过毕业论文答辩。

从这些硕士、博士论文可以看出，研究者们大多聚焦在张楚廷先生的大学理念、大学管理、大学课程观、大学人文教育、大学素质教育、大学教育智慧等方面，从宏观到微观，从教育学到哲学，对张楚廷教育思想与实践进行了深入的剖析与探究，取得了可喜的研究成果。

《张楚廷教育思想研究》论文集目前共有 2 本，一本是燕良轼、刘宇文主编，由湖南大学出版社于 2009 年出版发行的《张楚廷教育思想研究》，共收录论文 52 篇，分为 6 个篇章：综述篇（6 篇）、教育理论篇（16 篇）、教育哲学篇（11 篇）、教育管理篇（6 篇）、叙事研究篇（4 篇）、随笔与札记篇（9 篇）。另一本是刘铁芳、高晓清主编，由湖南大学出版社于 2015 年出版发行的《张楚廷教育思想研究》（第 2 集），共收录论文 47 篇，其中：综述篇（7 篇）、大学治理篇（14 篇）、教育哲学篇（17 篇）、素质教育篇（9 篇）。这两本论文集当中的很多作品都公开发表在全国知名刊物上，所以与中国知网上的有些文章重复。

纵观这些研究成果，内容丰富，资料翔实，有利于读者从不同的视野和领域探索、领悟张楚廷的教育思想，尤其是他的教育智慧。研究成果大致可分为两类：一类是读后感，是读者在研读张楚廷的著作后有感而发；另一类是对张楚廷的教育思想进行解读和评述。

（一）关于研读张楚廷著作的读后感

有关张楚廷著作的读后感，大体可分为对著作的评述和感想两大类，都是以他的代表性学术著作为依据，文章涉及面较为广泛，内容相当丰富，有对某一本专著的读后感，也有对张楚廷系列著作以及《张楚廷教育文集》的整体感想，还有对某个讲座的听后感想。经过认真研读后发现，读后感主要集中于张楚廷先生的几本重要著作：《课程与教学哲学》《高等教育哲学》《教育哲学》《高等教育学导论》《校长学概论》《校长叙论》《教育基本原理——一种基于公理的教育学》等。研究者们透过这些著作来观照张楚廷的教育思想与教育智慧。

1.《课程与教学哲学》

由于该著作的科学性、独创性和新颖性，填补了我国课程与教学领域的空白，因此它具有里程碑意义。随着该作品的问世，学界即对此产生了强烈的反响，撰文中有代表性的4篇文章分别是：徐继存的《走向哲学的课程与教学研究——读张楚廷先生的〈课程与教学哲学〉》、张传燧的《课程哲学：课堂生活里自然流淌着的生命——读张楚廷教授新作〈课程与教学哲学〉有感》、胡绪阳的《美好：一种崇高的教育期待与追求——张楚廷〈课程与教学哲学〉读评》、燕良轼的《春色满园关不住，一枝红杏出墙来——评张楚廷教授的新著〈课程与教学哲学〉》。

徐继存的《走向哲学的课程与教学研究——读张楚廷先生的〈课程与教学哲学〉》从作者自身认识出发，阐述了张楚廷先生《课程与教学哲学》的核心思想是“人文引领的和谐课程观”[①]，它贯穿于此著作的始终，不仅展示了张楚廷先生基于自身亲历的一些感想、感悟、体验、体悟和体察，而且体现其广阔而又深入的研究视野，真切地反映了一个中国当代学者的成熟与学养。

张传燧的《课程哲学：课堂生活里自然流淌着的生命——读张楚廷教授新作〈课程与教学哲学〉有感》认为，这一著作“堪称中国第一的《课程与教学哲学》”，弥漫着“理性、抽象、逻辑色彩”[②]，源于张楚廷先生40余年的教学生活以及20多年的理性思索，具有批判性、创新性和人文性的特点，是理性与智慧交融的佳作。

胡绪阳在《美好：一种崇高的教育期待与追求——张楚廷〈课程与教学哲学〉读评》一文中指出，张楚廷的《课程与教学哲学》一书体现出了一种“以人为核心，以生命为基础，以课程美好、教学美好、教育美好和人的美好为基本内涵的美好教育思想”[③]。这种教育思想折射出了教育的人文性、生命性、和谐性与开放性，揭示出了教育的本质意义，确定了课程与教学的哲学基础，彰显出了教育的生命取向，指出了教育的应然途径，标明出了教育的根本旨归。

燕良轼在《春色满园关不住，一枝红杏出墙来——评张楚廷教授的新著〈课程与教学哲学〉》一文中，对张楚廷先生的《课程与教学哲学》这部41

---

① 徐继存．走向哲学的课程与教学研究——读张楚廷先生的《课程与教学哲学》[J]．当代教育论坛，2004（11）：47－48.

② 张传燧．课程哲学：课堂生活里自然流淌着的生命——读张楚廷教授新作《课程与教学哲学》有感[J]．当代教育论坛，2005（3）：128.

③ 胡绪阳．美好：一种崇高的教育期待与追求——张楚廷《课程与教学哲学》读评[J]．当代教育论坛（校长教育研究），2007（7）：101－106.

万字的力作进行了评述，认为这部著作“是完整、准确地将马克思主义基本原理与现代中国教育具体问题相结合的典范，是我国教育理论界创造性运用马克思主义解决中国现实教育问题的典范”①，是继承性与独创性相结合的典范，充分显示出了张楚廷先生灵活机智的心智水平和思维方式，对我国的教育理论做出了杰出贡献。

2.《高等教育哲学》

作为我国首部高等教育哲学专著，著作一问世即引起学界的高度关注，许多专家、学者阅读后纷纷对此发表高见，其中较有代表性的 9 篇论文分别是：魏饴的《人本高等教育哲学的诞生与发展——中美两部〈高等教育哲学〉之比较》、刘旭和郭婷共同撰写的《作为一种生活方式的教育研究——再读张楚廷先生名著〈高等教育哲学〉有感》、邱德雄的《我国第一部高等教育学术专著——读张楚廷〈高等教育哲学〉》、周光礼的《守望大学的形而上品格——张楚廷先生高等教育哲学解读》、何云辉的《生命哲学视角的本土高等教育观——对张楚廷教授〈高等教育哲学〉的思考》、钟勇为的《把大学的“根”留住——读张楚廷〈高等教育哲学〉》、李峻的《本土高等教育哲学的个性特征——读张楚廷教授的〈高等教育哲学〉》、沈小姣的《布鲁贝克和张楚廷高等教育哲学观的比较》、伍运文的《哲学之思，理论之美——评张楚廷〈高等教育哲学〉》等。

魏饴在《人本高等教育哲学的诞生与发展——中美两部〈高等教育哲学〉之比较》中认为，张楚廷的《高等教育哲学》是“中国高等教育哲学的第一部，也是系统的人本高等教育哲学的开山之作”②。此书以人本为主线，从正面涉及了高等教育哲学的基本课题：高等教育是什么、为什么要发展高等教育以及如何发展高等教育，凸显的是一个大大的“人”字。

刘旭和郭婷共同撰写的《作为一种生活方式的教育研究——再读张楚廷先生名著〈高等教育哲学〉有感》认为，《高等教育哲学》的研究视角非常独特，是一种“选择着考察”和“考察着的选择”③，起源于张楚廷先生对自己生命的一种体验与感悟，在其生活过程中，用一种哲学思辨的方式来考察着教育，并在自身的教育实践活动中践行着自己的教育研究成果，提升生命质量，彰显生命的意义与价值。

---

① 燕良轼．春色满园关不住，一枝红杏出墙来——评张楚廷教授的新著《课程与教学哲学》[J]．湖南文理学院学报（社会科学版），2004（2）：1.

② 魏饴．人本高等教育哲学的诞生与发展——中美两部《高等教育哲学》之比较［J］．高等教育研究，2005（7）：23－27.

③ 刘旭，郭婷．作为一种生活方式的教育研究——再读张楚廷先生名著《高等教育哲学》有感［C］．//燕良轼，刘宇文．张楚廷教育思想研究．长沙：湖南大学出版社，2009：237－242.

邱德雄的《我国第一部高等教育学术专著——读张楚廷〈高等教育哲学〉》认为，这是迄今为止我国“首部从哲学角度研究高等教育的学术专著，开辟了我国高等教育研究的一个新领域，对我国高等教育的研究和发展将起到极大的推动作用”①。文章从五个方面对这部35万字的著作进行了推介，作者认为这一作品不仅内容丰富、系统全面、文辞优美、言简意赅、文情并茂、不拘一格，而且富于鲜明的个性，勇于创新，通篇见“人”，突出“人本”，始终把人放在第一位，诠释的是高等教育哲学即人的哲学。

周光礼的《守望大学的形而上品格——张楚廷先生高等教育哲学解读》从三个层面剖析张楚廷的教育思想，认为高等教育哲学之根基是“人主义”，“生命论的大学理念”让生命怒放，理念的经验基础“培育大学的形而上品格”②。张楚廷先生一以贯之的人主义教育思想彰显了其大学教育理念和办学治校智慧。

何云辉的《生命哲学视角的本土高等教育观——对张楚廷教授〈高等教育哲学〉的思考》认为，张楚廷的《高等教育哲学》是“对高等教育自由思索的结果，也是深入感受时代精神的结果，是我国第一本系统研究本土高等教育哲学的著作”③。这一作品以生命论为基础，直面我国高等教育发展的要害，针砭时弊，开出医治良方，充满真知灼见，闪耀智慧的思想火花。

钟勇为的《把大学的“根”留住——读张楚廷〈高等教育哲学〉》认为，张楚廷先生的《高等教育哲学》能够启迪人们不断寻求大学人精神生命的完满，执守好大学精神，牢固树立卓越的大学理念，即以人为本的教育思想，积极创设良好的工作环境，切实关注学生的心灵结构④，唯其如此才能留住大学的“根”。

李峻的《本土高等教育哲学的个性特征——读张楚廷教授的〈高等教育哲学〉》则认为，这一著作“具有独特的亲和力”，“在环环相扣的剖析与真知灼见的陈述中”体现出作者的大智大慧与灵动的教育思想，字里行间“勾画出本土高等教育哲学的基本个性”⑤，是基于“生命论基础”的高等教育哲

① 邱德雄．我国第一部高等教育学术专著——读张楚廷《高等教育哲学》［C］∥燕良轼，刘宇文．张楚廷教育思想研究．长沙：湖南大学出版社，2009：243－244.

② 周光礼．守望大学的形而上品格——张楚廷先生高等教育哲学解读［C］∥刘铁芳，高晓清．张楚廷教育思想研究（第2集）．长沙：湖南大学出版社，2015：18－22.

③ 何云辉．生命哲学视角的本土高等教育观——对张楚廷教授《高等教育哲学》的思考［J］．吉首大学学报（社会科学版），2011（2）：166－168.

④ 钟勇为．把大学的“根”留住——读张楚廷《高等教育哲学》［J］．煤炭高等教育，2008（3）：21－22.

⑤ 李峻．本土高等教育哲学的个性特征——读张楚廷教授的《高等教育哲学》［J］．高教探索，2008（4）：18－21.

学，把人看成是一个充满情感与理性、趣味而又整全的生命，因而是高等教育的根本，也是高等教育哲学思想的主体所在。

沈小姣的《布鲁贝克和张楚廷高等教育哲学观的比较》认为，张楚廷的《高等教育哲学》“体现了我国本土高等教育哲学的雏形和个性”①。张楚廷从“人”的本体论角度出发来追问教育原理的根源，在教学经验的基础上，以独到的学术洞察力、开阔的学术视野和深厚的哲学造诣，构建了中国人自己的高等教育哲学，体现出张楚廷先生非凡的勇气与智慧。

3.《教育哲学》

《教育哲学》这本著作通篇见“人”，是一首“人”的颂歌，自从著作问世以来，很多学者都发出了相同的感慨，以周德义的《人的教育与教育人的深层思考——张楚廷〈教育哲学〉述评》、娄小明的《从“人”的视角看教育——读张楚廷〈教育哲学有感〉》为例。

周德义的《人的教育与教育人的深层思考——张楚廷〈教育哲学〉述评》认为，“张楚廷的《教育哲学》较好地解决了教育哲学应当解决的三个基本问题，即‘为什么有教育’或教育的存在与起源的问题，‘教育是什么’或教育的本质与性质的问题，‘怎样实施教育’或教育的实践层面的问题”②。因而，张楚廷的《教育哲学》这部著作是从人出发的，是一部人的颂歌，自觉遵循教育自身规律，观照中国教育现实，折射出了张楚廷先生闪耀的教育智慧。

娄小明的《从“人”的视角看教育——读张楚廷〈教育哲学〉有感》认为，张楚廷的《教育哲学》是“一部有关‘人’的哲学”③，为我们开启了一扇思想的窗户，不仅从“人”的视角来透视教育的特性，以“人”的视域来构建教育公理，以“人”的名义来演绎教育生命，而且用“人”的追求来保护教育自由，彰显了人的本性，启迪着人的教育智慧，诠释着人的教育意义。

4.《高等教育学导论》

这是一部全新的高等教育学力作，令人耳目一新，激发着学界的研究热情，研究成果中具有代表性的3篇论文分别是：辛继湘的《让思想自由流动起来——读张楚廷先生新著〈高等教育学导论〉》、李碧虹的《游刃于形而上下之间——读张楚廷先生〈高等教育学导论〉》、段慧兰的《有思想的学术，有学术的思想——〈高等教育学导论〉评介》。

---

① 沈小姣．布鲁贝克和张楚廷高等教育哲学观的比较［J］．学园，2010（4）：22－27.

② 周德义．人的教育与教育人的深层思考——张楚廷《教育哲学》述评［J］．湖南广播电视大学学报，2007（2）：81－86.

③ 娄小明．从“人”的视角看教育——读张楚廷《教育哲学》有感［J］．人民教育，2009（9）：61－62.

辛继湘的《让思想自由流动起来——读张楚廷先生新著〈高等教育学导论〉》，详细阐述了这一著作“新颖独到的见解、清晰深刻的论证、意味深长的思考”[①]，不仅呈现出先生自由流动的思想，而且见证了先生孜孜不倦的学术追求、良好的学术素养以及作为思想者开启新思想、新智慧的深远而又卓越的学术影响力和学术洞察力。

李碧虹的《游刃于形而上下之间——读张楚廷先生〈高等教育学导论〉》认为，这一著作是一本“全新的著作”，有利于“促成中国高等教育学科走向成熟”。因此，作者认为它与《高等教育哲学》等一样，“为高等教育的研究带来里程碑式的探索”[②]，不仅能够在形而上中下中穿梭，而且是学科与问题共生关系的美妙呈现，更是一种严谨逻辑中的自由思维，平易中显高深，朴实中见智慧。

段慧兰的《有思想的学术，有学术的思想——〈高等教育学导论〉评介》，高度评价了这一著作的学术理论价值，称其“具有学术原创性和整体连贯的学术理路”，是“我国高等教育学科发展史上具有里程碑意义的学术著作”[③]。此书基于对我国高等教育经验事实的研究、分析与探讨，构建了一个全新的高等教育学基本概念体系，提出了一些新命题、新思想、新观点，完善了学科理论框架，因而进一步提升了高等教育学学科体系水平。

5. 《校长学概论》《校长叙论》

张楚廷撰写的有关校长的书籍同样获得了学界的推崇和好评，专门为此撰文的有：谭容培的《一部有鲜明特色的教育研究专著——评张楚廷教授〈校长学概论〉》和姚晓峰的《一位校长的心路历程——读张楚廷校长的〈校长叙论〉》。

谭容培的《一部有鲜明特色的教育研究专著——评张楚廷教授〈校长学概论〉》，从“校长学学科体系建构的首创性及系统性”“校长教育观念及管理思想的深刻性与时代性”“研究方法的创新性与科学性”[④] 三个方面对《校长学概论》进行了评介，凸显了张楚廷先生杰出的管理智慧。

姚晓峰的《一位校长的心路历程——读张楚廷校长的〈校长叙论〉》，从

---

① 辛继湘．让思想自由流动起来——读张楚廷先生新著《高等教育学导论》［J］．高等教育研究，2010（12）：101－104.

② 李碧虹．游刃于形而上下之间——读张楚廷先生《高等教育学导论》［J］．大学教育科学，2011（1）：封2.

③ 段慧兰．有思想的学术，有学术的思想——《高等教育学导论》评介［J］．当代教育论坛，2011（8）：41－42.

④ 谭容培．一部有鲜明特色的教育研究专著——评张楚廷教授《校长学概论》［J］．北京师范大学学报（社会科学版），1995（2）：110－112.

“大学理想的追求者”“高瞻远瞩的决策者”“‘官本位’的消除者”“人文精神的关怀者”“合理制度的建设者”“非凡业绩的创造者”① 等六个方面来阐述张楚廷校长的伟大人生，直陈其伟大的教育智慧。

6.《教育基本原理——一种基于公理的教育学》

邓小华的《多方位创新的研究成果——评张楚廷教授新著〈教育基本原理〉》认为，张楚廷的《教育基本原理——一种基于公理的教育学》“是一部多方位的创新力作，是真正在讨论教育的基本原理。其创新性主要表现在对人的深刻关注，对科学方法的精妙应用，对教育理论和实践的恰如其分的批判，以及论述时所表现出来的本土化情怀”②。因此，这一著作是真正的关于人的教育学，是科学的教育学，是富于批判的教育学，是具有中国特色的教育学，更是饱含教育智慧的教育学。

7. 张楚廷系列著作所体现出的教育思想

由于张楚廷教育思想的广泛影响力，广大教育学研究者对其进行了高度关注。在这些研究论文中，较为典型的有 5 篇，分别是：刘铁芳的《一种科学—人文主义的教育学路径——张楚廷教授的教育学视界》、燕良轼的《闪烁着人性光辉的乐章——张楚廷教育哲学思想摭拾》、沈又红和黎钰林共同撰写的《“我们中国人自己的哲学”——张楚廷教育哲学旨趣五解》、刘徐湘的《张楚廷教育哲学思想探析》、谭伟平的《吹沙见金，穷理求本——张楚廷人本教育思想探析》。

刘铁芳在论文《一种科学—人文主义的教育学路径——张楚廷教授的教育学视界》中，对张楚廷先生的经典著作进行了解读，揭示其独到的教育学研究路径，是一种由科学探究到人文引领的教育学。刘铁芳认为《教育原则今论》是“科学教育学的起步”，《教学论纲》是“科学教育学的扛鼎之作”，《课程与教学哲学》是“哲学视角的由隐而显”，《教育哲学》是“教育人文思考的全面深化”。因此，在张楚廷先生“逐渐融贯而出的科学—人文立场中展现出多维的、丰富的教育学视界”③，显示出了他对人的全面发展教育的美好期待以及对教育中的人的自由全面发展的殷切期望。

燕良轼在论文《闪烁着人性光辉的乐章——张楚廷教育哲学思想摭拾》中，对张楚廷的教育哲学思想进行了深度剖析，从“对‘人是什么’的询问、

① 姚晓峰．一位校长的心路历程——读张楚廷校长的《校长叙论》［J］．陇东学院学报，2009（1）：124－128.

② 邓小华．多方位创新的研究成果——评张楚廷教授新著《教育基本原理》［J］．学园，2010（3）：28－32.

③ 刘铁芳．一种科学—人文主义的教育学路径——张楚廷教授的教育学视界［J］．大学教育科学，2007（4）：5－9.

马克思人性观、人性与结构、人性与公理、人性与自由”等方面加以阐述，认为从张楚廷《课程与教学哲学》《高等教育哲学》《教育哲学》等百余万字的著述中，可以看出张楚廷教育哲学思想的“关键特征是对人的关注，对人性的彰显，对人性的颂扬”①，进而让读者深深地领略到张楚廷教育哲学著作中闪烁的人性光辉与凸显的教育智慧。

沈又红和黎钰林共同撰写的《“我们中国人自己的哲学”——张楚廷教育哲学旨趣五解》，对张楚廷先生的系列著作《教学论纲》《课程与教学哲学》《高等教育哲学》《教育哲学》详细解读后发现，“张楚廷先生主要以教育为论域阐释着他的哲学”，始终秉持着人本理念，洋溢着生命情怀，贯穿着审美追求，怀揣着哲学情结，饱含着民族深情，“堪称我们中国人自己的哲学”②，对张楚廷教育哲学思想的主旨和灵魂进行了精辟的概述和总结，给予了极高的评价。

刘徐湘的《张楚廷教育哲学思想探析》，从研读张楚廷的系列著作《素质：中国教育的沉思》《课程与教学哲学》《高等教育哲学》《教育哲学》《教育原理——一种基于公理的教育学》等出发来深度探析张楚廷的教育哲学思想，认为张楚廷的教育哲学思考是一个“学问”的过程，充分“体现了哲学的智慧本性”③。张楚廷通过对我国教育的考察和反思，叩问教育的原点，主张回到教育的最基本——人本身，并基于此而构建了一套“教育公理”，进而反映教育的理想与现实追求是人的全面与自由发展，使人成为人。

谭伟平的《吹沙见金，穷理求本——张楚廷人本教育思想探析》，在对张楚廷所创造的许多中国高等教育研究领域的“第一本”著作（比如《校长学概论》《课程与教学哲学》《人力学引论》《高等教育哲学》《大学教学学》《教育哲学》等）进行梳理后，认为这些著作所蕴含的一个共同特点就是人本教育思想，都是“对‘人’的形而上的哲学思辨”。文章从“教育的第一问与第一使命、人的教育与教育的人、自由教育与人的发展”④ 等三个方面来探讨张楚廷先生的人本教育思想，认为其最重要，也是最核心的观点就是关于人的发展，即张楚廷先生所提出来的“教育的根本在发展人的可发展性”⑤，

---

① 燕良轼．闪烁着人性光辉的乐章——张楚廷教育哲学思想摭拾［J］．当代教育论坛，2007（4）：105－111.

② 沈又红，黎钰林．“我们中国人自己的哲学”——张楚廷教育哲学旨趣五解［J］．大学教育科学，2007（6）：11－14.

③ 刘徐湘．张楚廷教育哲学思想探析［J］．大学教育科学，2008（4）：9－13.

④ 谭伟平．吹沙见金，穷理求本——张楚廷人本教育思想探析［J］．当代教育论坛，2007（4）：112－115.

⑤ 张楚廷．教育哲学［M］．北京：教育科学出版社，2006：110.

不仅奠定了其教育理论的哲学基石，而且具有很重要的理论与实践意义。

8. 《张楚廷教育文集》

已经出版的《张楚廷教育文集》第一套（第 1 ~ 10 卷）、第二套（第 11 ~ 20 卷）、第三套（第 21 ~ 32 卷）反响热烈，学界对此进行了高度评价，其中以陈昕的《上天之下的教育追问——〈张楚廷教育文集〉（十卷本）阅读札记》和朱业宏的《我读张楚廷》最为突出。

陈昕的《上天之下的教育追问——〈张楚廷教育文集〉（十卷本）阅读札记》对《张楚廷教育文集》第一套（1 ~ 10 卷）进行了总体的评说，从"生命论""校长论""市场论"① 等三个不同视角来阐述张楚廷对我国高等教育的思与行。他认为张楚廷对教育的追问也就是其对教育所做的深刻的哲学思考，教育基于人，以"生命论"为基础，是对上天之下的一种人本感悟，彰显的是生本位、师本位和学术本位。因此说，人本位是最为可靠的，而官本位是最为危险的。

朱业宏的《我读张楚廷》对《张楚廷教育文集》（第 1 ~ 20 卷）共计 1 500 万字的鸿篇巨制进行了理性、客观的评价，认为这部文集"包含着、孕育着、实现着张楚廷平凡又神奇的人生华章：正本清源、精心创建、止于至善"，是张楚廷先生精心架构的一座"充满人性的思想殿堂"②。一个个大写的"人"字俯拾皆是，处处洋溢着的是人的自由、尊严与全面自由发展，既是对当下生活的期待，更是对未来生活理想的美好憧憬。

9. 对某个讲座的听后感想

李先国的《对于创造教育，我们缺少什么——张楚廷教授〈创造无名〉讲座有感》，从我国高校的创造教育现状出发，由此进行追问，到底是什么在妨碍着我们的创造教育。作者不是重复着报告的思想和内容，而是基于报告的一种再思索，认为只有树立一定的创造教育观念，建立一批具有创造性的教师队伍，运用一定的创造性教育方法，完善创造教育运行机制，"共同营造良好的内外部环境，才能从根本上保证高校创造教育的顺利实施"③。

（二）关于对张楚廷教育思想的解读与评述

对张楚廷教育思想进行解读和评述的论文内容极为丰富，研究题材相当

---

① 陈昕．上天之下的教育追问——《张楚廷教育文集》（十卷本）阅读札记［C］//燕良轼，刘宇文．张楚廷教育思想研究．长沙：湖南大学出版社，2009：33－40.

② 朱业宏．我读张楚廷［C］//刘铁芳，高晓清．张楚廷教育思想研究（第 2 集）．长沙：湖南大学出版社，2015：23－28.

③ 李先国．对于创造教育，我们缺少什么——张楚廷教授《创造无名》讲座有感［C］//燕良轼，刘宇文．张楚廷教育思想研究．长沙：湖南大学出版社，2009：149－153.

广泛，研究成果丰硕，大致可分为五个方面，即关于张楚廷的教育人生研究、教育思想研究、教育理论研究、教育哲学研究、教育管理研究。

1. 教育人生研究

在大多数人看来，张楚廷的教育人生成功而又完美，是一个教育人生的大赢家，充满传奇色彩。因此，许多研究者从不同的视角和层面来解读张楚廷的教育人生，较为有代表性的论文有17篇，分别是：赵雄辉和古舍合著的《张楚廷和他的教育人生》、文东茅的《人本自由——张楚廷先生治学与为人之道》、邹烨的《教育家式大学校长的成长——以张楚廷校长为例》、周庆元的《感悟张楚廷校长》、张应强的《思想自然流淌的教育思想家》、于源溟的《做仁人，行实事，求真学——张楚廷学术道路探微》、鞠晨曦的《朴实无华始见真——张楚廷的待人、治学和治校方略》、孔春辉的《论张楚廷的学术个性》、伍运文的《师大与大师》、李钊的《张楚廷与涉外》、李海萍的《从注释看张楚廷校长研究风格的渐变》、张传燧的《张楚廷印象》、魏小琳的《有一种力量叫人格》、颜中玉的《永远的风范——我的导师张楚廷先生》、樊希国的《博士缘，师生情》、王智敏的《先生印象》、张沉香的《学者与智者，二者兼备》等。下面仅以前5篇论文为例来进行阐述，直抒张楚廷生命不息、奋斗不止、孜孜不倦、富含人格魅力与尊严的人生篇章。

赵雄辉和古舍合著的《张楚廷和他的教育人生》，饱含深情地勾画出了张楚廷的人生轨迹，从成长的时代背景与学术背景到人生的理想与不懈追求，深度剖析了张楚廷与众不同的教育家人生。文章认为，张楚廷是“中国杰出的富有治校成就的集教育理论与实践成果于一身的教育家”，是“当代湖湘文化的代表人物之一”①，对张楚廷先生的传奇人生充满了赞美与推崇，对其教育智慧赞赏有加。

文东茅的《人本自由——张楚廷先生治学与为人之道》，从生活与工作细节中总结出了张楚廷的一些成功要素，比如惊人的记忆力、超强的注意转移能力、很强的逻辑思维能力、令人尊敬的非智力因素，领悟出了张楚廷的治学与为人之道乃“人本自由”，即“以人为本”“人本即自由”“自由即创造”②。文章认为，张楚廷先生不管是治学还是为人，都不是以神或者其他身外之物为本，而是以人的生存、发展和价值为本，尊重人享受和发展自由的需要，因自由而创造，因创造而更自由，如此成就了张楚廷的智慧人生。

邹烨的《教育家式大学校长的成长——以张楚廷校长为例》，认为张楚廷

① 赵雄辉，古舍．张楚廷和他的教育人生［J］．当代教育论坛，2007（3）：122－127.

② 文东茅．人本自由——张楚廷先生治学与为人之道［J］．学园，2008（2）：14－17.

“堪称当代‘教育家式大学校长’的典范”①。这篇论文从教育家与大学校长的概述及比较中，引出教育家式大学校长的特质；接着，深入阐发教育家式大学校长的重要作用；最后，以张楚廷为例，揭示培养教育家式大学校长的策略，即教育家式大学校长的成长之路。

周庆元的《感悟张楚廷校长》，以作者与张楚廷校长20多年的交往为依托，对张校长的“人本理念”“民族情怀”“战略眼光”“学术习惯”以及“草根做派”② 进行了阐述，文章认为张楚廷是一个人本主义者，几十年来，在其为人做事、待人接物、办学治校、著书立说中，一以贯之的就是以人为本，关注人，尊重人，凸显了张楚廷杰出的教育智慧。

张应强的《思想自然流淌的教育思想家》对张楚廷先生的教育人生给予了极高的评价，认为张楚廷先生创造了两个神话：一是把湖南师范大学这所“名不见经传的大学带入全国有影响的大学行列”；二是著作等身，为教育学界做出了卓越的贡献，“创造了中国教育学界的神话”。因此，作者认为张楚廷是“教育思想家”，是能够把“‘校长’‘学者’‘教育家’‘教育思想家’”等称号“集于一身的人”③，是一个有着自己独特思想的人，对教育有着独到见解的人，因而也就是一个具有独特教育智慧的人。

2. 教育思想研究

这一部分所涵盖的论文，比较全面系统地介绍和评价张楚廷的教育思想，包括张楚廷的人主义思想、素质教育思想、人本教育思想、创造教育思想、课程思想、自由教育思想、教育产业思想、个性发展思想、高等教育思想、人格教育思想、体育教育思想、数学教育思想、美育思想、教育经济学思想等。据笔者不完全统计，有博士论文2篇，分别是段慧兰的《走向人的自觉——张楚廷教育思想历程研究》、黎利云的《张楚廷“五I”课程思想研究》；研究论文25篇，分别是辛继湘的《为了人的教育——张楚廷先生人本教育思想探析》、沈又红的《张楚廷教育思想研究意义初探》、高晓清的《中西语境下“以人为本”的不同释义——也论张楚廷先生的“人主义”》、马卫平的《张楚廷体育教育思想研究》、李碧虹的《论张楚廷的教育产业思想》、杨莉君的《张楚廷教育思想管窥》、黄军山的《张楚廷教育经济学思想研究》、蓝秀华的《张楚廷高等教育思想概略》、李学的《元结构视野

① 邹烨．教育家式大学校长的成长——以张楚廷校长为例［J］．当代教育理论与实践，2013(3)：34－36.

② 周庆元．感悟张楚廷校长［J］．当代教育论坛，2007（4）：116－122.

③ 张应强．思想自然流淌的教育思想家［C］//燕良轼，刘宇文．张楚廷教育思想研究．长沙：湖南大学出版社，2009：2－4.

中的人本课程建构——张楚廷教授课程思想初探》、钟一平与肖辉卫合著的《张楚廷素质教育思想及实践意义》、赵雄辉的《张楚廷的数学教育思想》、刘仁义的《回到最基本——张楚廷教育思想与实践探析》、杨云萍的《张楚廷美育思想对当代美育理论的贡献》、邓志革的《张楚廷的素质教育思想及其在高职教育中的实践意义》、李先波与蔡炎斌合著的《论个性发展视野下的大学自由教育——由张楚廷教授个性发展思想启发的思考》、康敏昌的《张楚廷高等教育产业化思想探析》、黄耀红的《特立独行的智者言说——试说张楚廷教育思想的言说方式》、周凯兴的《张楚廷独立人格思想研究》、蔡明山的《自由优先，个性发展——张楚廷人本教育思想解读》、曾乐然的《张楚廷先生"超越"思想浅析》、王蓉的《张楚廷教育思想之当代大学教育观》、詹丽萍的《张楚廷先生人本教育思想探究》、邓小华的《张楚廷素质教育思想的若干要义浅析》、罗琴的《素质教育背景下小学生自主参与课堂教学的探究——源自张楚廷教育思想的启示》、陈清华的《浅析张楚廷素质教育思想》等。

段慧兰的博士论文《走向人的自觉——张楚廷教育思想历程研究》，深刻地论述了张楚廷的教育思想历程是"以人为起点，基于人的本性，朝着人的发展的"，一以贯之的是"人主义"，始终贯穿的是"人"这条主线，"不仅仅是教育人教育自觉的历程，也是人类自我觉醒的历程"，"既是思想的历程，也是做人、做事与做学问相融共生的历程"。文章认为"人是一切教育的逻辑起点"①，真正的教育自觉源于人的自觉，实践自觉来自真正的思想自觉。

黎利云的博士论文《张楚廷"五I"课程思想研究》，认为张楚廷的"五I"课程思想是一种"注重将知识转化为智慧"的课程观，"是师生以智慧生成为目标，以知识、情感、价值观等信息交流为主要内容，以兴趣、质疑、直觉等为重要心理条件而展开的对未知的探究活动"②。文章详细阐释了"五I"课程观所蕴含的四个命题——课程即人、课程即智慧生成、课程即文化习得、课程即心理过程，认为张楚廷的课程观即人观，是关于人的教育，更是关于人的课程。

辛继湘的《为了人的教育——张楚廷先生人本教育思想探析》，论文直抵张楚廷人本教育思想的核心内容："教育根本上是为了人的"，是"完整、深切地关注和理解人的教育，是持守自身独特性的教育，是让人更成其为人的教育"③，因

---

① 段慧兰．走向人的自觉——张楚廷教育思想历程研究［D］．长沙：湖南师范大学教育科学学院，2014：184－185.

② 黎利云．张楚廷"五I"课程思想研究［D］．长沙：湖南师范大学教育科学学院，2014：Ⅲ.

③ 辛继湘．为了人的教育——张楚廷先生人本教育思想探析［J］．高等教育研究，2007（8）：27－32.

而是一种基于人也是为了人的教育。

3. 教育理论研究

研究张楚廷教育理论、观点和主张的论文，对张楚廷的教育理念、课程观、教学观、人才观等进行了介绍与评价。据笔者检索到的有：黄军山的《张楚廷“五 I”课程观研究》和姚晓峰的《张楚廷大学理念研究》等 2 篇硕士论文；21 篇研究论文，分别是黎利云的《人的教育与人的课程——张楚廷课程理论特色及成因》、肖维的《生成与超越——探析张楚廷的大学理念到大学目标之路》、刘铁芳与段慧兰合著的《校长何以作为大学事理的体现者——从张楚廷先生的大学实践看校长人格范式的建构》、上官剑的《张楚廷超越理念探析》、姚晓峰与孙立峰合著的《张楚廷人文素质教育理念研究》、姚晓峰的《张楚廷人才理念研究》与《张楚廷大学教学理念研究》、金红梅的《怎样把自己培养成为自己》、唐芳丽的《张楚廷对全面发展学说的阐释》、樊华强的《张楚廷创造理论探究》、颜桂花的《品张楚廷的教学艺术》、黎利云的《张楚廷之“五 I 课程方案”特点浅析》、周美艳的《教师是否是人类灵魂的工程师——拟与张楚廷教授的观点进行探讨》、南纪稳的《教学系统要素与教学系统结构探析——与张楚廷同志商榷》、王洪才的《教育学：人文科学抑或社会科学——兼与张楚廷先生商榷》、唐斌的《〈关于费尔巴哈的提纲〉的教育学意蕴解读——兼与张楚廷先生商榷》、王宪昌与刘银萍合著的《也谈数学文化与数学教育的关系——兼与张楚廷先生、黄秦安先生商榷》、明廷华与刘爱生合著的《大学校长的教育理念与大学特色——兼谈湖南师范大学校长张楚廷的教育理念》、高飞的《张楚廷思考大学理念的逻辑起点》、石晓熹的《浅析张楚廷先生的大学教育观》、赵觅的《浅论我国大学人文素质教育——张楚廷教授人文素质教育理念浅析》等。

在姚晓峰的硕士论文《张楚廷大学理念研究》中，对张楚廷先生的大学哲学理念、大学教学理念、大学管理理念、人才理念以及人文素质教育理念进行了逐一的介绍和阐释，这些理念的核心就是张楚廷的“人文精神和人文关怀”，“时时处处把人的地位看得特别高，看得特别重”①。始终把人作为教育的出发点和归宿，特别强调人的自我实现和自我发展。

黄军山在其硕士论文《张楚廷“五 I”课程观研究》中，对张楚廷的“五 I”课程观进行了详细的解读与评述，认为这是“以张楚廷人观思想为底蕴”而提出来的一种全新的观点，超越了“3S”和“4R”理论，其理论基础是张楚廷教育哲学思想，“深深关切着人，关切着生命”②，不断追寻生命的

---

① 姚晓峰．张楚廷大学理念研究［D］．长沙：湖南师范大学教育科学学院，2005：72.

② 黄军山．张楚廷“五 I”课程观研究［D］．长沙：湖南师范大学教育科学学院，2007：74.

生成与自我完善，进而提升生命的意义与价值，因而更具生命力。

黎利云的《人的教育与人的课程——张楚廷课程理论特色及成因》，对张楚廷课程理论的提出缘由、主要特色及成因进行了分析与论述，认为张楚廷"立足于'人本主义哲学'或'人哲学'思考教育与课程，提出了人的教育、人的课程、五I课程构想、结构改造主义课程观、人文引领的和谐课程走势等基本概念或命题"①。其课程理论内涵深刻，特色鲜明，对我国的教育理论与实践具有较强的指导意义与价值。

4. 教育哲学研究

对张楚廷教育哲学思想的研究，大多集中在对其教育哲学专著的评述和解读，单独研究其教育哲学思想的论文并不多见，笔者检索到的有4篇论文，分别是陈飞虎的《为教育构筑人性的"神庙"——张楚廷先生人本教育哲学漫说》、姚晓峰的《张楚廷高等教育哲学理念研究》、李建飞的《传统哲学和张楚廷对"规律"认识的异同》、彭志敏的《张楚廷人本主义教育哲学探析》。仅以陈飞虎的论文为例，陈飞虎认为"张楚廷的教育哲学是'人'的哲学，始终体现出对教师和学生灵魂的皈依"②。张楚廷的人本教育哲学让我们深切感悟到了生命的情怀和教育的光亮，其言说方式是一种独抒性灵、无拘无束的论和说，是一首首心灵的颂歌、生命的颂歌，是用观念和思想的"青山绿水"堆积而成的，是自然而然走向"人"的教育哲学。

5. 教育管理研究

张楚廷的大学管理智慧有目共睹，成功担任过两所大学的校长，时间长达30多年，且分别是公办与民办两种办学性质的大学，创造了两大神话，其非凡的胆识与谋略，使之成为大学管理者争相效仿的对象之一，也是研究者们长期关注的焦点和热点人物之一。对张楚廷教育管理思想及其实践进行研究的有：硕士论文1篇，龚常的《张楚廷大学管理理念研究》；研究论文17篇，分别是姚晓峰的《张楚廷高等教育管理思想略论》《张楚廷的治校之道》《管理中的管与不管》以及《张楚廷大学管理理念研究》、姚敏的《学校隐性文化建设——张楚廷隐性管理思想研究》、林伟红的《张楚廷教授的"教育就是教育"观及其治校理念》、蒋己兰的《人本与大学内部治理——张楚廷人文教育思想探析》、高飞的《试论张楚廷的大学内部治理思想》、王国祥的《创造良好人文环境，培养跨世纪师资队伍——访湖南师范大学校长张楚廷》、宋

---

① 黎利云．人的教育与人的课程——张楚廷课程理论特色及成因［J］．大学教育科学，2014（5）：9－16．

② 陈飞虎．为教育构筑人性的"神庙"——张楚廷先生人本教育哲学漫说［C］//刘铁芳，高晓清．张楚廷教育思想研究（第2集）．长沙：湖南大学出版社，2015：232－237．

德发的《大学校长应向张楚廷学什么》、周劲松与谢俊合著的《张楚廷"不管"思想研究》、姜佐澧的《民办高校校长治校的困惑与对策浅析——兼谈张楚廷先生的治校方略》、许思的《以人为本：谈张楚廷大学管理理念》、陈首洁的《我国目前高校内部治理现状与治理措施——也谈张楚廷校长的高校内部治理思想》、申怡的《浅议高校"去行政化"的成因及对策——兼论张楚廷教授高校管理思想》、温翠莲的《浅谈中国大学自治——基于张楚廷先生大学自治思想》、王珊的《美国大学教授协会对美国高等教育的影响——张楚廷高等教师与管理理念浅探》等。

龚常对张楚廷大学管理理念进行了深入的解读与研究，其撰写的硕士论文《张楚廷大学管理理念研究》，认为张楚廷的大学管理理念"是一种基于人本的大学管理理念，'人本为本'是其核心，并围绕这个核心形成了一整套的系统"①，从人的自由全面发展出发来研究人和发展人。因此，张楚廷的大学管理理念能够很好地回答与解决我国大学管理中所存在的问题，并能对我国创建高水平大学提供理论与实践层面的支持。

姚敏在其《学校隐性文化建设——张楚廷隐性管理思想研究》中认为"隐性管理思想是张楚廷重要的大学管理思想之一，其基本内容是学校隐性文化建设"②，主要依靠校长的非权力性影响力，精心建设好学校主隐性文化、校园建筑和景观文化，于潜移默化中对师生员工产生深远的影响，因此对我国当前的大学管理具有非常重要的指导意义。

综上所述，研究者们对张楚廷的研究，无论是深度还是广度，无论是对其著作的读后感还是对其教育思想的解读与评述，都透射出张楚廷的智慧光芒，昭示着张楚廷对教育事业的无比热爱，对我们伟大民族的拳拳之心。绝大多数的研究成果是对张楚廷教育智慧的肯定与赞扬，希望能够从中得到启示与借鉴，当然也不乏质疑与商榷之声，但声音比较微弱。

四、核心概念界定

（一）张楚廷教育思想

张楚廷教育思想是指体现在张楚廷的著述和实践中的关于教育内容、教育方法、教育手段、教育策略、教育价值和教育理想的观点。张楚廷教育思

① 龚常．张楚廷大学管理理念研究［D］．长沙：湖南师范大学教育科学学院，2009：65.

② 姚敏．学校隐性文化建设——张楚廷隐性管理思想研究［C］∥刘铁芳，高晓清．张楚廷教育思想研究（第2集）．长沙：湖南大学出版社，2015：117－125.

想蕴含着丰富的教育智慧，包含教育理论智慧和教育实践智慧两个方面，既是我国教育理论重要组成部分之一，又能对我国的教育实践活动起到良好的引领和启迪作用。

（二）智慧

关于智慧的界说，有很多说法。在我国现今所查阅到的一些常用汉语词典工具书中，对智慧的解释可谓是多种多样，众说纷纭。《新华字典》里的解释是：“智慧是指从实践中得来的聪明才干，同智力。”《辞海》里对智慧的解释比较详细，分别对“智”“慧”以及“智慧”做出了解释和说明。“智”的意思主要有聪明、智慧、智谋，通“知”，即知道。“慧”的意思主要有智慧、聪明，狡黠。智慧主要指人对事物能认识、辨析、判断处理和发明创造的能力，尤言才智、智谋。《词源》对智慧的解释则在《辞海》的基础上又多了一层意思，一是指聪明、才智，二是指佛教破除迷惑证实真理的识力。

在一些英汉词典工具书上的解释，也是表述不一。《牛津高级英汉双解词典》对智慧的解释是：（在做决定或判断时表现出的）经验和知识；正确的判断，明智，常识等。《新英汉词典》里的解释为：才智，明智；知识，学问，常识；（古人的）名言，教训；贤人，哲士。《远东英汉大辞典》的解释也是从三个方面来说的，即智慧的含义包括：睿智；明智的行为，明智的言语；知识、学识。无论是我国的纯汉语词典，还是英汉词典，大多指出了智慧的意思，是指才智、智力、聪明、明智、知识与学问等。

古今中外的许多志士仁人，对智慧一词做了比较全面深入的探究。在古代，是指哲人的一种精神追求，希腊语称为 philosopha（爱智慧）。从词源上来考究，西方所称的“智慧”（Sophia）来自光（Phoos）和缪斯（Muse）神，有着神圣的意味，类似于神性的完美、完整或者是万物之源的意思。而我国所指“智慧”与所谓的“道”相牵连，与人的聪明、机巧有关。英语中通常用来表达智慧含义的词语有两个：一是 intelligence，含有智力、智能、聪明之意；二是 wisdom，意指有丰富的学识与明智的行为等。

我国第一个对智慧一词做出明确界定的是汉代的贾谊，他说：“深知祸福谓之智，反智为愚；亟见窕察谓之慧，反慧为童（蒙昧）。”① 意思是说，智慧是指人所具备的对未来祸福的一种深刻的预见力和洞察力，反之即为愚钝和蒙昧。这种对于智慧的理解深入人生观、审美观和价值观等领域，反映出我国传统文化对于做人做事、学问人生的一种完美境界的追求。

---

① 《新书·道术》。

在古希腊的哲学文献里，智慧一词有着广义和狭义两种不同的用法，“广义上它用于一切最高完满的德性，最娴熟的技术、最精确的科学都称为智慧，拥有这样德性的人称为智慧的人。狭义上，在理智德性范围内，它只适用于全面的知识”①。在柏拉图看来，“智慧是使人完善化者”②。而亚里士多德则认为，“智慧就是有关某些原理与原因的知识”“智慧由普遍认识产生，不由个别认识而来”③。由此可见，这些定义大多聚焦在德性与知识层面。

近现代以来，许多西方哲学家也纷纷对智慧进行了研究和探讨，大多是从认知理性和知识论的层面来对智慧进行界定。赫拉克利特曾说过：“智慧只在于一件事，就是认识那善于驾驭一切的思想。”④ 怀特海则认为：“智慧是掌握知识的方式，它涉及知识的处理，确定有关问题时知识的选择，以及运用知识使我们的直觉经验更有价值。这样对知识的掌握便是智慧，是可以获得的最本质的自由，古人清楚地认识到——比我们更清楚地认识到——智慧高于知识的必要性。”⑤ 而在洛克看来，智慧就是“使得一个人能干并且有远见，能很好地处理他的事务，并对事务专心致志”⑥。他还同时指出，这种智慧与狡猾有着本质区别，狡猾是模仿智慧并企图代替智慧，但智慧是一个有德性的绅士所应该具备的优良品质，是一种为人处世的方式与风格。马斯洛认为：“智慧是最高层次的自我发展，包括特殊的自我意识和心理的融合，以及自我超越。”⑦ 杜威却认为：“智慧与知识不同，智慧是应用已知的去明智地指导人生事务之能力。”⑧ 从以上观点可以看出，他们都有一个共同的特点，都认为智慧是与人紧密联系在一起的，与人的日常生活越来越靠近，与社会以及个人的发展变化越来越贴近，是人可以追求的，是人可以直接拥有的。

在我国，许多的著名哲学家也有对智慧进行了比较深入的研究，但仁者见仁，智者见智。冯契认为，智慧是对知识的一种超越而指向个体的“理想人格”与“自由德性”，所把握的是有关宇宙人生的根本原理，目标是求穷通，意即穷究宇宙万物的第一因与人生的最高境界，揭示的是贯穿于自然与人生之中的无不近、无不由的道理，并进而会近天人，达到与天地合其德的自由境界。⑨ 而在李泽厚看来，“智慧不是指某种思维能力、知性模式，它不

---

① [古希腊]亚里士多德. 尼各马科伦理学 [M]. 北京：中国社会科学出版社，1999：128.
② [意]维柯. 新科学 [M]. 北京：商务印书馆，1989：174.
③ [古希腊]亚里士多德. 形而上学 [M]. 北京：商务印书馆，1959：2-3.
④ 北京大学哲学系外国哲学史教研室. 西方哲学原著选读 [C]. 北京：商务印书馆，1981：26.
⑤ [英]怀特海. 教育目的 [M]. 徐汝舟，译. 北京：生活·读书·新知三联书店，2002：54.
⑥ [英]洛克. 教育漫话 [M]. 北京：教育科学出版社，1999：117.
⑦ Maslow，Abraham. Toward a Psychology of Being [M]. New York：D. Van Nostrand Co.，1968.
⑧ [美]杜威. 人的问题 [M]. 上海：上海人民出版社，1965：序4.
⑨ 冯契. 智慧的探索（补编）[M]. 上海：华东师范大学出版社，1998：1-62.

只是 wisdom，intellect，而是包括它们在内的整体心理结构或精神力量，其中也包括伦理学和美学的方面，例如道德自觉、人生态度、直观才能等”，并认为“智力结构与这些方面交融渗透在一起”[①] 是中国智慧的特点。还有人从心理学、社会学、哲学三个不同的认识维度来对智慧加以界定，“在心理学意义上智慧是‘Intelligence’，即指人的聪明才智，智力发达，思维有创造性，能够解决认识上的问题等；在社会学意义上，智慧是‘Sensibleness’，即指人在日常社会生活中是敏感的、明智的和明白事理的，其思想和行为是切合实际的，是合情合理合法的，是有效和实用的；在哲学意义上，智慧是‘Wisdom’，即指人在世界观、价值观和人生观等方面所具有的智慧、才智”。[②] 刘徐湘认为，“智慧是指人们通过历史积淀与个体成长所生成的包括认知、情感、意志及自由人格德性在内的整体心理结构与精神力量”[③]。从以上观点可以看出，智慧是人见人爱的，是可以获得的。“人的智慧结构是一个多层次、多方面的丰富统一体[④]”。大家不约而同地从哲学、社会学、心理学、伦理学、美学等不同领域进行探讨和诠释。

考究至此，笔者也提出在本书中对智慧的一种理解，虽然不能穷尽智慧的本义及其灵动的意味，却是贯穿全文的一种思路。简而言之，智慧就是在对的时间做对的事情。具体来说，就是指个人运用所学知识和已有经验，结合具体情况，审时度势来妥善且恰当地处理身边事务的一种能力与水平，既包括智力因素，也包括非智力因素，是人的综合能力的具体体现。

（三）教育智慧

对教育智慧的研究由来已久，国内外都取得了非常丰富的研究成果。英国著名哲学家怀特海（Whitehead）在《教育目的》一书中提出，“教育的全部目的就是使人具有活跃的思维”。知识是智慧的基础，但智慧高于知识。洛克（Locke）把近代的绅士教育归结为四件事，即智慧、德行、学问、礼仪，其中尤以智慧为重。而在舒马赫（E. F. Schumacher）看来，“整个人类目前正处在致命的危险中，这并不是因为我们缺乏科学和技术，而是因为我们倾向于破坏性的使用它，毫无智慧。只有更多的教育才可以帮助我们，如果教育

① 李泽厚. 中国思想史编（上册）[M]. 合肥：安徽文艺出版社，1998：301.

② 靖国平. 论智慧的涵义及其特征 [J]. 湖南师范大学教育科学学报，2004（2）：15.

③ 刘徐湘. 论教师教学生活的智慧——一种形上关怀 [D]. 重庆：西南师范大学教育科学研究所，2005：21.

④ 陈飞虎. 大学教育智慧 [D]. 长沙：湖南师范大学教育科学学院，2011：5.

能产生更多的智慧的话"①。尼古拉斯·麦克斯韦（Nicholas Maxwell）在其著作《从知识到智慧》中也说过，学术研究的重点如果能够从寻求知识转入寻求智慧的话，那么学术定将会带来更大的社会价值，而高等教育机构也将更有利于创造更多的社会智慧。保罗·布拉西（Paolo Blasi）也认为，"在从知识社会转型到智慧社会的过程中，信息和知识社会中的义务教育已发挥了重要作用，现在，这种作用应尽可能地延伸到高等教育"②。而罗伯特·斯顿伯格（Robert Sternberg）的观点更具代表性，他认为："智慧不只是我们所希望的，更重要的是我们如何落实到行动上。我们的目的不仅是要教育学生如何利用好自己出色的个人能力去最大限度地获取他们所需要的，更为重要的是要教育他们如何最大限度地去帮助别人③"。以上观点都表明，教育应该能够有效促进智慧的发展，才能更好地促进人的自由全面发展，从而有利于人类的进步和发展，创造出更多的社会价值。

我国对教育智慧的研究文献也很多，观点各异。有人认为真正的教育就是追求"大智慧"，即通常所说的哲学智慧，不包括一般意义上所谓的"生活哲理"之类的"小智慧"。这是超越了"某种人"的关于"人"的智慧，是理解和协调人与自然、社会、文化、历史、他人以及自我的一种智慧，是能够实现人的自由全面发展的智慧，是使人崇高起来的智慧，是批判的智慧，是反思的智慧，是变革的智慧。④ 也有人认为，教育智慧表现为教师在教育活动过程中解决实际教育问题的能力，是一种教育机智。还有人认为教育智慧是一种综合能力，包括教师感受的敏感性、辨别与判断各种教学情境、处理偶发事件、合理决策、与学生沟通、创造生命价值等方面的能力，实际上是把教育智慧定位于能力的范畴，等同于教师的教学智慧，用教学智慧代替教育智慧。而靖国平对教育智慧的研究代表了我国现阶段的一种研究发展趋势，他认为人类早期教育的原生性特质就是引导人的智慧成长，促进人的自由全面发展。他认为："人类教育是一种通过知识促进人的智慧发展，培育人的智慧性格和提升人的智慧本质属性的活动。它包括促进教育者的智慧发展和受教育者的智慧发展两个基本方面。当代教育的主旨在于培育'智慧活动的主

① Nicholas Maxwell. Are Universities Undergoing an Intellectual Revolution? [J]. Oxford Magazine, 2009 (290): 13-16.

② Paolo Blasi. The contribution of higher education and research to the knowledge society [EB/OL]. http://www.wisdompage.com/.

③ Robert Sternberg. Teacher For Wisdom In Our Schools [EB/OL]. http://www.cdl.org/resource-library/articles/teaching_wisdom.php.

④ 周光迅，等. 哲学视野中的高等教育 [M]. 青岛：中国海洋大学出版社，2006.

体'。这一点在今天和未来的教育中将会愈来愈突显。"① 陈飞虎从大学教育的层面对教育智慧进行了界定，认为"大学教育智慧是大学通过历史积淀与成长过程中所生成的包括教育认知、思辨、意志及教育伦理德性在内的整体活动中所体现出来的最佳心理结构、精神力量与行动能力"。简而言之，"大学教育智慧就是大学教育活动中思与行相结合的实践智慧"②。

而在本书中，笔者认为教育智慧是指教育者在教育实践活动中，运用已有的知识、经验和理论，结合教育实际，采取科学、合理、优质、高效的教育方法、手段、技巧、策略和措施，使受教育者身心得到健康、快乐、和谐、自由、全面的发展。既包括教育理论智慧，又包括教育实践智慧，既有教育哲学智慧之意蕴，又有教学智慧的表征，是一种使人成其为人的智慧。通过教育活动，使人变得更崇高、更伟大、更聪明、更高尚，对社会更有价值，对人类做出更大的贡献。

五、研究思路与方法

（一）研究思路

本书遵循"为什么（why）→是什么（what）→怎么样（how）"的研究思路展开。首先探究张楚廷教育智慧形成的时代背景、个人背景、学术与实践背景，回答"为什么（why）"会形成这样的教育智慧而不是那样的，做好铺垫工作，埋下伏笔。紧接着回答张楚廷教育智慧主要体现在哪几个方面，有些什么（what）主要内容，又是如何（how）在教育实践活动中去实践其教育智慧的。

张楚廷教育智慧可以从两个层面来进行考究与分析，论文采取层层递进、夹叙夹议的写作方法，先理论后实践。在厘清张楚廷教育理论智慧的基础上，再进一步考察张楚廷的教育实践智慧。本书主要阐述的是张楚廷先生以下四个方面的智慧：思的智慧、教的智慧、行的智慧、管的智慧。

（二）研究方法

张楚廷教育思想蕴含着丰富的教育理论智慧与教育实践智慧，如何遴选出最有价值、最为闪光、最为与众不同的教育智慧确实是一个难题，选择科学的研究方法至关重要。本书主要采用以下四种研究方法：文献研究法、历

---

① 靖国平．论教育是知识性格和智慧性格［J］．教育理论与实践，2003（19）．

② 陈飞虎．大学教育智慧［D］．长沙：湖南师范大学教育科学学院，2011：20－21．

史研究法、比较研究法和访谈研究法。

1. 文献研究法

文献研究法是通过对教育文献进行查阅、分析、整理，从而找出事实的本质属性的一种研究方法。本书通过广泛搜集、精心整理、深入研究已有文献，比较借鉴、总结吸收和科学批判已有研究成果，为自己的研究打开智慧的门窗，理清自己的研究思路，提炼出属于自己的观点，对张楚廷教育智慧进行理性、客观、合理的分析研究与探讨。

2. 历史研究法

历史研究法是运用历史资料，按照历史发展的顺序对过去事件进行研究的方法。本书运用历史研究法，对张楚廷教育思想的形成背景以及发展历程进行系统深入研究，为全文的合理展开做好铺垫。

3. 比较研究法

比较研究法是根据一定的标准，对某类教育现象在不同情况下的不同表现进行比较研究，找出教育的普遍规律及其特殊本质，力求得出符合客观实际结论的方法。本书将对古今中外著名教育家、哲学家、思想家等的教育思想进行纵向与横向的比较，凸显张楚廷教育思想中独特的教育智慧。

4. 访谈研究法

访谈研究法是访问者与被访问者直接进行交流的定性研究方法，探讨、思辨某一问题。本书将根据预定的访谈计划，围绕专门的主题，对张楚廷先生进行一对一的面访，深入探讨其教育智慧的发展渊源、动态及其趋势，以期得到一些启示与借鉴。

六、创新之处

本书将依据上述研究思路与研究方法，力求在以下三个方面有所创新。

（一）对现世人物教育思想的一种系统、深入研究

一般来说，研究某个人的教育思想，有一种“盖棺定论”的研究倾向。人们总认为让时间来检阅是比较客观理性的，对活在当下的现世人物教育思想，大多三缄其口。虽有一些研究者勇于对现世人物教育思想进行大胆研究，但大多只是做碎片化研究，缺乏系统性与深刻性。

其实，学术自由，自由学术，这是研究人员所向往的理想学术氛围，不能以是否活在当下为评判标准，而应以教育思想的影响力和贡献力为基础。张楚廷先生就是这样一位活跃在当今中国高等教育舞台上的著名教育家，其

教育思想对我国的教育事业产生了深远的影响，并对我国的高等教育事业做出了杰出贡献。因此，对其教育思想进行系统、深入的研究不仅是必要的，而且意义非凡，此乃本书的第一个创新所在。

（二）对湖湘本土人物教育思想的研究

张楚廷先生虽然祖籍湖北天门，但从上大学开始（1955— ）就一直扎根湖南长沙，长沙已然成为张楚廷先生的第二故乡。他把毕生的精力和青春年华都奉献给了湖湘大地，倾注了满腔热血，已在湖南师范大学和湖南涉外经济学院从事教学、科研第一线工作了 56 年，执掌两所大学长达 30 多年，创造了两个神话。先生至今仍担任湖南涉外经济学院的名誉院长，且仍是湖南师范大学教育科学学院的博士生导师，指导高等教育学专业的博士、硕士研究生。他每天辛勤耕耘在湖湘这片热土上，挥洒着智慧与汗水。张楚廷教育思想立足湖湘本土，根据国情、省情、校情，理论联系实际，高瞻远瞩，审时度势，为我国乃至世界教育思想宝库贡献自己的力量。

（三）对张楚廷教育智慧的研究

张楚廷先生教育思想博大精深，自成体系，研究者众多，研究成果丰硕，是近十几年来的研究热点和焦点之一。纵观现有研究，主要聚焦在两个主要方面，一是对他的著作进行解读与评述，二是对他的教育思想进行介绍与评价，但较少发现对其教育智慧进行专题研究，尤其是进行全面、系统、深入的专题研究，本书将尝试着有所创新和突破，力求透过现象看本质，做一些抛砖引玉的工作，让张楚廷教育智慧造福湖湘大地，福泽全国乃至全世界。

第一章　张楚廷教育智慧形成背景

张楚廷的教育思想真切地反映出他在一生教育活动中的所思所想、所作所为；做人上的与人相同，低调做人，做事上的与众不同，高调做事；在数学、教育学、心理学、管理学、哲学等八大领域之间的神性往来；他的独立人格与特立独行……蕴含着丰富的教育智慧。而这一切都与他成长过程中所处的时代背景、个人背景、学术与实践背景息息相关、密切相连。

第一节　时代背景

1937 年至 1976 年近 40 年的中国史，可以说是一部斗争史，或是一部中国人民探索救国救民之路、实现民主自由的探索史。可以大致分成几个不同的历史阶段，对我国知识分子的影响是灾难深重的。

第一阶段：1937—1945 年抗日战争时期。这是一部中华民族抵抗日本帝国主义侵略，以实现民族独立解放的斗争史。中国的知识分子有着强烈的民族自豪感和使命感，追求民主与自由。在抗日战争时期，中日民族矛盾是中国社会的主要矛盾。在民族危机之下，中国的知识分子很难找到适合自己施展才华的大舞台。在战火中求生存，颠沛流离、疲于奔命是常态，严重影响了知识分子的个人发展。

第二阶段：1945—1949 年国内战争时期。这是中国共产党与国民党为了争夺国家权力而进行的一场军事斗争，中国共产党领导广大人民群众与国民党开展了长达 4 年的人民解放战争，中国共产党取得了最终胜利。1949 年 10 月 1 日，中华人民共和国宣告成立，人民当家做了主人。但是战争仍然是主旋律，知识分子的工作重心无法专注于教育事业的发展，造成了不可估量的影响。

第三阶段：1949—1976 年社会主义建设时期。这是一部曲折发展的历史，先是在探索中艰难曲折地发展社会主义（1949—1966 年），再接下来就是一场历时 10 年的历史浩劫——“文化大革命”（1966—1976 年）。知识分子在备受折磨中煎熬。1957 年前，批武训、批胡风集团；1957 年，反右；1958 年，拔白旗；1959 年，反右倾；1960—1962 年，学术批判；1963 年，开始整党；1964—1965 年，四清；1966 年，"文革"爆发；1967 年，大规模武斗发生；1968 年，清队；1969 年，一打三反；1970 年，清查"516"；1971 年，把整个知识分子定性为资产阶级知识分子的一个当初简称为《纪要》的文件出笼；1973 年，反回潮；1974—1975 年，批林批孔；1976 年，反击右倾翻案风。

这一连串枯燥无味的数字与对大事件的简单陈述，折射出来的是新中国走过的艰难历程。这段历程给我们的民族带来了深重的灾难，尤其是对中国知识分子的打击是严重的、惨烈的，是不堪回首的，"知识分子在强大的政治威慑下脊梁骨被打断了"①。

第二节　个人背景

张楚廷的个人背景打下了深深的时代烙印，与民族、祖国的荣辱紧密相连。

一、童年记忆

1937 年 2 月 2 日，张楚廷出生于印度尼西亚的一个普通华侨家庭。父亲是一名医生，虽然只有 4 年的私塾读书经历，但自学能力相当强，他从牙医开始做起，做到了内科、外科医生。自从 1927 年南下印度尼西亚，经过 10 年的打拼，一个 9 口人的大家庭已经过上了还算可以的生活。

（一）播撒了深厚的民族与爱国主义情怀的种子

在印度尼西亚，头等公民是殖民者荷兰人，次等公民是当地印度尼西亚人，三等、四等才轮到华人，张楚廷的父亲"不想把一把骨头埋在国外"②，就在他们家境越来越好的情况下，于 1937 年年底离开了印度尼西亚，回到了国内，定居在湖北沔阳的一个小镇——长埫口。当时的张楚廷还不满 1 岁，是一个襁褓之中的婴儿。

由于当时的通信十分落后，身处印度尼西亚的张楚廷父母并不知道日本帝国主义全面侵华战争已经打响，国内已经爆发抗日战争，他们毅然携家带口，踏上了归国的旅途。张楚廷的父亲在长埫口这个由一条不到 200 米长的街道构成的小镇上继续行医、开诊所，拖儿带女，养家糊口。有一次，张楚

① 张楚廷．张楚廷教育文集（第 4 卷）[M]．长沙：湖南教育出版社，2007：539.
② 张楚廷．张楚廷教育文集（第 4 卷）[M]．长沙：湖南教育出版社，2007：496.

廷的母亲躲避日本人的“扫荡”时，一边夹（抱）着张楚廷，一边夹着一个包，日本人从后面“砰”的一枪打过来，便打掉了一边。她不知打掉的是儿子还是包，但为了活命，也顾不得那么多，只管逃，等逃到一个可以躲藏的地方，定下来一看，才知道原来打掉的那个是包，不是儿子。张楚廷三生有幸，在日本鬼子的枪口下活了下来。

张楚廷的父母虽然没有刻意地对他进行民族与爱国主义教育，但从小就让他接受着爱国情怀的熏陶。张楚廷四五岁的时候，就已经从父亲那里学会了好几首爱国主义歌曲：《满江红》《松花江上》《义勇军进行曲》《黄河颂》等。童年的经历让张楚廷深深地懂得：只有祖国强大，民族富强，才能不受人欺凌，才能成为头等公民，才能真正当家做主人，才能安居乐业，享受生活。这种深深的民族情怀早已在张楚廷幼小的心灵里生长出来，成为他的生命之源，持久、有力、形影不离地伴随着他的一生。

（二）“和为贵”的处世哲学

张楚廷家兄弟姐妹共 9 人，他排行倒数第二，除了大哥和弟弟出生在国内，其余的都是在印度尼西亚出生后随同父母回国的。在张楚廷的记忆里，他童年生活的长塆口小镇是一个非常美丽的地方，有寺庙、小河、石桥、湖塘、大潭，有各种各样的花草树木，鸟语花香，生机盎然。那里的父老乡亲勤劳淳朴，以做买卖为生，百货店、医药店、饮食店、理发店、布匹店、杂货店、小吃店、染铺、磨坊等一应俱全，街头巷尾到处都是欢声笑语，喧哗嬉闹，熙熙攘攘，热闹繁华。

小镇上的街坊邻居互帮互助，相互关爱，和谐融洽，特别是上街的一对陈氏兄弟，虽然家里只是开小铺的，但举止高雅，尤其是那个叫陈济汉的老兄，说话风趣幽默，富含哲理。他的生活理念就是：“大家在一起，不要因为你而不快乐。”这句朴实的话语，让张楚廷悟出了一个深刻的道理：“大家在一起因你而快乐。”① 所以，张楚廷性格随和，温文尔雅，与他从小生长的环境密不可分。

但与中国典型的农村所不同的是，生活在这座小镇上的人不是相对集中于一个姓氏，而是姓氏较多，胡、王、刘、马、彭、雷、陈、张都有，但姓胡、姓王的居多，是大姓，其余都是小姓，尤其是张姓最少，只有张楚廷一家，因此被当地人认为是外来姓。所以，在长塆口，张楚廷家里没有家族势力。他的父亲常常告诫他们兄弟：“你们弟兄多，就多拿几双眼睛

---

① 张楚廷．张楚廷教育文集（第 4 卷）[M]．长沙：湖南教育出版社，2007：501.

去看别人狠。"[①] 意思是说，无论别人如何凶狠，都要"忍"，不要与人争斗。虽然父亲并不是刻意对张楚廷进行处世教诲，但是这种诚实厚道、与人为善、"和为贵"的处世哲学，深深印刻在张楚廷脑海里，伴随了张楚廷一生。

（三）"礼义廉耻"的为人之道

张楚廷接受启蒙教育的学校是在长埫口的崇德小学，他从小学一年级一直念到了小学五年级，在那里，张楚廷开始有了清晰的记忆。

崇德小学位于长埫口的下街，与小镇的福音堂相连，离张楚廷家租住的房子只有百十米的距离。学校比较简陋，所有建筑只有千余平方米，学校的北面共有四扇窗，窗户不是用玻璃做的，而是用木板做的，每扇窗户就是一块大木板，四块木板上分别写着四个大字：礼、义、廉、耻。其中"礼""义"两个字虽然是用繁体字写的，但是非常庄重漂亮，刚劲有力。这象征着中华民族优良文化传统的四个大字，从此镌刻在张楚廷的心头，成为鼓舞他奋斗终生的为人之道。在这里，张楚廷开始了最初的识字、算术和唱歌。这所简陋的学校在张楚廷的心目中却是一片辽阔的天地，开启了张楚廷的智慧之门。

尽管在"文化大革命"前后，崇德小学光闪耀眼的"礼义廉耻"四个大字被扫荡一空，但在张楚廷的心底里，那是儿时最真、最深、最清晰的记忆，永远也无法将它们从心中抹去。他始终认为，"礼义廉耻"是中华文化的传承，是人与人之间交往的准则，是至尊的为人之道。因此，他一辈子恪守着、信奉着、传承着、奋斗着……

二、求学生涯

从小学到高中，张楚廷共上过5所学校，其中小学2所，中学3所。小学先是在长埫口的崇德小学念到5年级，后转学到武昌的养真小学念到毕业。初一第一学期在沔阳中学（现沔阳一中），第二学期在天门乾驿中学（现天门三中），从初二开始直到高中毕业的5年中学时光，全部是在武汉三中（1953年前称为汉阳中学）度过的。

（一）自信心的培育

一直以来，张楚廷都被认为是一位学习成绩较好但考试成绩不太好的学

---

① 张楚廷．张楚廷教育文集（第4卷）［M］．长沙：湖南教育出版社，2007：506.

生。小学从武昌张之洞路的养真小学毕业时，张楚廷报考了武昌中学，但名落孙山。张楚廷的父亲亲自从沔阳到养真小学把他带回家，在途经张之洞路去往汉阳门乘船过汉口的路上，张楚廷的父亲“自言自语地说道：‘我这孩子不可能考不取啊？’”[①] 就是这么一句简短的自疑自问的话语，让张楚廷幼小的心灵备受鼓舞，他感觉到了一股暖暖的爱意，一种发自内心的信任与鼓励。虽然父亲没有亲口直接说出诸如“孩子，我相信你”等直白的语言，但他的自言自语更能让张楚廷体味到父亲的信任，这是对他自信心的呵护与培育，相信他是会读书、能读书的，是一个可造之才。

如果从宿命论的观点来看，张楚廷确实是一个幸运儿，在家有父亲的信任与呵护，在学校有老师的信任、理解与支持。中学时的张楚廷兴趣爱好广泛，文学、哲学、历史、数学、音乐、美术等都是他喜欢学习的。1953 年 3 月 5 日是斯大林逝世的日子，张楚廷所就读的武汉三中举行了追悼会，国文老师张国魂要求学生们写一篇悼念文章，文章体裁不限，可以自由选择。于是张楚廷就赋诗一首，开头两句“春雪不拦路，却寒透了人们的心”受到了张国魂老师的称赞，表扬他写得“有情有景”[②]。这给了张楚廷很大的鼓舞和自信，为他日后良好的写作功底打下了坚实的基础。直至今日，张楚廷仍然对诗歌情有独钟，已经公开出版的《张楚廷诗集》就是很好的例证。

数学老师赵孝恭是一位很受学生喜爱的好老师，他讲课慢条斯理，课堂氛围宽松，允许学生自由表达自己的解题思路，正确引导学生掌握解题技巧。中学时的张楚廷做几何证明题时，喜欢跳跃，常常把需要用三句话来解答的三段式论证用一句话解决问题，或者是把两个、三个三段式步骤用一步来完成。赵孝恭老师虽然觉得张楚廷的证明步骤有点过于简单，不知其是否已经真的弄明白了，但为了不伤到学生的自尊心，从未说其证错了，而是任其简捷地表达证明思路，自由地把握逻辑推理。这种信任对张楚廷自信心的培育起到了很好的启示和推动作用，使他受到了良好的逻辑训练，促使他养成了一种思维时善于抓住问题的要点和关键的良好习惯，思维更加敏捷，头绪更为清晰。

（二）择善而从、宽容谦逊品格的形成

张楚廷在做人做事方面都有自己的原则和标准。在做事方面他有一句口头禅：“我非常愿意了解别人，非常不愿意学习别人。”意思就是“绝不去模

---

① 张楚廷．张楚廷教育文集（第 4 卷）［M］．长沙：湖南教育出版社，2007：503.

② 张楚廷．张楚廷教育文集（第 4 卷）［M］．长沙：湖南教育出版社，2007：528.

仿别人”，即便是同一件事，也力求做起来与别人不一样，只要有可能就会做得比别人更好、更优。在做人方面，张楚廷“从小到大、从少到老都在学别人”①，择善而从的优良品格就是这样形成的。

张楚廷在武汉三中上学时，有一个最好的朋友叫罗谦怡，曾经他们还是同桌，且两人都是学生干部，罗谦怡担任武汉三中团委副书记，张楚廷担任学校学生会副主席。有一次，张楚廷一不小心把罗谦怡的墨水瓶碰倒了，墨水泼得到处都是，尽管他们俩急忙设法挽救残局，但是墨水还是把笔记本和书弄得面目全非。张楚廷满心愧疚，觉得非常难为情，但是罗谦怡脸上的表情异常淡定，没有一丝一毫的变化，仍然是那样平静、坦然、和蔼，好像什么事也没有发生一样。就是罗谦怡的这份镇静、宽容与友善，深深地打动了张楚廷。从此，罗谦怡就成了张楚廷一辈子学习效仿的对象之一。那情那景时常浮现在张楚廷眼前，使其至今仍记忆犹新。

张楚廷的班主任刘锦华老师对其为人处世也影响至深。刘锦华是一位美术老师，那时她虽已无课，但一直把他们班带到高中毕业。刘老师与学生十分亲近，平等相待，宽容谦逊，从来不对学生进行说教和训斥，极富凝聚力。全班 50 多人，积极进取，活力四射，奋发向上。这对日后张楚廷的学生观、教师观、人才观的形成都产生了深远的影响。

三、峥嵘岁月

（一）挨批斗的日子

1956 年，张楚廷基于“深信中国共产党是民族独立、解放和复兴的基本力量”以及“对自己民族的情感”加入了中国共产党，但是由于张楚廷诚实厚道、与人为善，在之后的很长一段时间里，被认为是“斗争性不强”，被“确定为党内的阶级异己分子”。② 因此，从 1957 年起，就如同一个等差级数的魔咒一样，张楚廷每 3 年就会有一场灾难降临，1960 年、1963 年、1966 年、1969 年，他一直是党内重点批判的对象。

1957 年的反右浪潮中，正在上大学的张楚廷担任班长，又是党员，因为他坚持说其所在的班级没有右派而遭受批斗，说其斗争性最差。事实是其所在班级有一位叫饶钦威的同学，在系黑板报上写了一篇不足 200 字的小文章，认为数学系学生分会的选举不够民主，建议下次选举时加以改进。而这就是

---

① 张楚廷．张楚廷教育文集（第 4 卷）［M］．长沙：湖南教育出版社，2007：523.
② 张楚廷．张楚廷教育文集（第 4 卷）［M］．长沙：湖南教育出版社，2007：504.

当时所谓的“右派文章”，饶钦威也因此被划成了右派，从此度过了整整 20 年的劳改生活，张楚廷也理所当然地被列入批斗的名单当中。1966 年“文革”爆发时，批判张楚廷的大字报更是铺天盖地，给他扣的帽子有“漏网右派”“阶级异己分子”“混进共产党内的人”“白专道路的典型”“系统的修正主义言论”“系统地反对党的三面红旗”等。于是，在批斗会现场，诸如“打倒张楚廷！”“张楚廷滚出去！”等批斗口号此起彼伏。

而这些批斗他的人竟然是他“最看重、最友善对待、最注意向其学习的那些人，当‘运动’来到时，他们都是下手最狠的人”①。这让张楚廷有点怀疑：人间是否有正义？人间是否有真情？人间是否有友情？在革命的道路上，何为“右”？何为“左”？为何他总是被打成右派？为何他总是“左”不起来？何为人的尊严？何为国家与民族的希望？……种种的疑惑困扰着张楚廷，他开始对中国知识分子的处境和前程担忧，对国家与民族的命运担忧。

这段不堪回首的往事如今仍历历在目，成为张楚廷心中永远的痛。这些经历时刻警醒着张楚廷：千万要善待学生，善待教师，善待身边的每一个人，千万不能伤害到人的尊严、良知、公平与正义，自由与尊严是天赋人权，任何有损人的尊严与自由的行为都是要付出惨重代价的理念鞭策着他成功走向治学治校的道路。

（二）四次被下放到农村去劳动

作为知识分子的张楚廷，曾先后四次被下放到农村去劳动，干的都是重体力活，而把他钟爱的数学专业百分之百地荒废了，把他所喜爱的书籍忘记了。因为在那时，脑力劳动不算劳动，只有体力劳动才算劳动，于是便把知识分子下放到农村去干体力劳动。张楚廷是“周围的同龄人中被下放劳动、接受再教育次数最多、时间最长的一个”②，去过平江、古丈、湘南、泸溪等地。

“文革”爆发后，湖南师范大学的教师们被下放到距离平江县城还有一段路程的一个农场劳动，张楚廷名列其中，这是他第一次“上山下乡”。在平江，张楚廷干的都是重活、苦活。劳动项目之一就是肩挑烧砖的土坯子，一担要挑 10 块，每块 18 斤③，180 斤一担，从早挑到晚。另一项农活就是沤凼子，就是把牛屎、狗粪、杂草、泥巴之类的东西都放到凼子里去，然后用锄头去拌，用脚去踩，又脏又臭又累。

---

① 张楚廷．张楚廷教育文集（第 4 卷）［M］．长沙：湖南教育出版社，2007：510.

② 张楚廷．张楚廷教育文集（第 4 卷）［M］．长沙：湖南教育出版社，2007：515.

③ 1 斤 =0.5 千克。

第二次是1969年下半年被要求去古丈劳动，他在那里度过了异常艰难的一个学期。古丈“当年是7万人口的县，在所谓暂时困难期间，饿死了3万多”①。当张楚廷1969年被下放去古丈时，看到的是大饥荒、大死亡过后所留下的惨状：到处都是孤儿寡母，每天吃的是两顿稀饭，只有辣椒做菜，且菜中很难见到油腥；住的是四面透风的木板墙房屋。到了冬天下雪的时候，小孩穿的是一条从上到下都破成几条乱飘带的单裤，仍然打着赤脚；睡的是稻草做的被褥……过的是衣不蔽体食不果腹的辛酸日子。

第三次是1972年，张楚廷被派到湘南去“开门办学”，称为办“流动大学”，因为在那时，大学就被叫作“大家来学”。张楚廷的主要任务就是培训当地的中学教师，让他万万没有想到的是，中学教师培训还得从初中的几何、代数开始讲起，因为他们根本搞不清楚几何证明是怎么一回事，还想当然地认为，三角形内角和180°是通过量一量就可以得出结论的。

第四次是1975年9月至1976年8月被下放至泸溪接受贫下中农再教育。张楚廷在距离泸溪城还有十几里的兴隆镇东广寨整整生活了一年时间，饱经风霜，历尽折磨。一日两餐在一户贫农家，吃的是干干的稀饭或者称之为稀稀的干饭，住的是一间大约4平方米且四面透风的木板房，靠着牛栏，出门不到1米就是水田，把门一关就只能看到从缝隙里透过来的一点光亮。在这间房子里住了两个多月后，农民关照张楚廷，把他一个人安排到一所破烂不堪的小学的一间仍然是四面透风的小房子里，但较之前的那间有所改善了。

两次被下放到湖南最偏远、最贫穷的湘西去劳动，前后共计三个学期之久。他看到的都是身无分文的农民、衣衫褴褛的儿童、没有片瓦的草房，房内也看不见一丝棉绒，用“赤贫”二字来形容一点也不为过。较之生活的贫穷，文化的贫穷更让人触目惊心、不寒而栗。在湘西，当张楚廷在课堂上听到教师告诉学生“负数是很小的数”“月亮把自己的光明带到地球”“零摄氏度就是没有温度”等时，不禁感到无比的震惊和深深的忧伤，内心充满了痛苦和惆怅，文化的贫穷比物质上的一穷二白更为可怕，他领悟出了什么才是真正的“贫穷”。

在这段持续十年之久的是非颠倒的岁月里，“在那个完全是人为制造的、严酷的、残暴的政治环境下，许多人不是‘心不死’而是心死了”。尤其是中国的知识分子饱受摧残与折磨，仅仅“在1966年开始以后的4年里，年均自杀的中国人，因内乱而自杀的中国人，肯定创造了一个很高的纪录。哀莫大于心死，这也是我们民族经历过的巨大悲哀”。“那是一个不把人当人的时

① 张楚廷．张楚廷教育文集（第4卷）［M］．长沙：湖南教育出版社，2007：516.

代"，"那是一个藐视人的尊严、藐视人的基本权利的时期"①，人的尊严完全被毁了。这种社会主义与马克思所描述的"使人生活在比较合乎人的尊严的环境中"② 完全背道而驰。因为人的尊严就是人的生命，没有了尊严就有可能会去自己结束自己的生命，生活便会失去其本有的意义。

在这段下放农村劳动的人生最艰难的时期，张楚廷饱尝了人间疾苦，身心备受摧残。但从另一个层面来说，与淳朴善良的工人、农民生活与交往的日子，也给了他更多品尝人间真情的机会，使他更加"懂得了人的尊严是什么，懂得了人权是什么，懂得如何去珍惜"③；也使他更加明白了国家的贫穷与落后、民族的深重灾难，更加珍惜这来之不易的好时代，更加知道去爱惜、去珍惜、去顽强拼搏，去为我们的国家、我们的民族努力奋斗。直至今日，张楚廷依然奋斗在教学、科研、管理工作的第一线，为我们的国家、民族而奋斗不息。

第三节　学术与实践背景

张楚廷的学术与实践背景对其成功走向大学的治学、治校与管理道路产生了至关重要的作用和影响，不仅为其打下了坚实的学术理论基础，而且积累了丰富的人生经验，无论是身处顺境还是逆境，他都能够始终保持清醒的头脑，理性、智慧地思考社会、感悟人生。

一、大学时光

1955 年，张楚廷考取了湖南师范学院（现湖南师范大学）数学系，在这里，张楚廷度过了他宝贵的四年大学时光。但是能够扎扎实实读点书、学点本领的时间是在 1955—1957 年，这也是张楚廷所度过的最为丰富多彩的大学校园时光，使他终身受益。1957—1959 年，由于严峻的社会形势，他大学学业基本上荒废了。

据张楚廷回忆说，当年在高考填报志愿时，对学校类别、地域和专业都做了慎重考虑，主要是基于以下三个方面的原因：一是母亲在高考前几个月去世了，父亲那时也已不再行医，收入十分微薄，无力负担他的学杂费和生

---

① 张楚廷．张楚廷教育文集（第 4 卷）［M］．长沙：湖南教育出版社，2007：509.

② 中共中央马克思恩格斯列宁斯大林著作编译局．马克思恩格斯选集（第 3 卷）［M］．北京：人民出版社，1995：729.

③ 张楚廷．张楚廷教育文集（第 4 卷）［M］．长沙：湖南教育出版社，2007：511.

活费。幸好那时候的中国大学基本上是免费的，尤其是师范类，不仅学杂费全免，还有助学金，于是父亲就要他填报师范学院。二是因为张楚廷小时候患有较为严重的哮喘病，他的乡亲们称他为“喉吧”，只要遇寒就易得感冒，一感冒就极易诱发哮喘。于是就选择填报了位于湖北以南的学校——广东华南师范学院和湖南师范学院，结果被湖南师范学院录取了。三是对于专业的选择。1955 年的中国正是大搞建设的时期，有一个“向科学进军”的口号，普遍认为学理工之类的专业对建设祖国最为有用。但是由于张楚廷有色盲，尤其辨不清黄色、绿色、蓝色，在光线稍暗的地方，就连深红色和黑色也分辨不出来。因此，在理工类专业中，既不能选工科，也不能选理、化，只有数学专业可选了。好在张楚廷中学时的数学基础不错，又有很好的文学功底，所以就顺理成章地填报了数学专业。

在大学，张楚廷担任班长，其所在班级有着许许多多成绩优异、多才多艺的同学，全班同学团结、和谐、奋发向上。有会乐器、会唱山歌、会绘画的王祖裕，有会吹黑管的蒋光正，有惊艳全校的孔雀舞公主杨幼萍，有在中学就是国家级体操运动员的张岳生，有擅长长跑的刘善宽。班级活动也是丰富多彩，有班级小乐队、小合唱团、篮球队。他们还谱写了自己的班歌，张楚廷作词、王祖裕等人谱曲。夏天时，张楚廷和很多位同学曾经横渡湘江，留下了许多美好的回忆。

在学业上，有张楚廷崇敬的李盛华教授、肖依莘教授为他们讲授微积分、复变函数，有李传和老师为其讲授高等代数，有杨少岩老师为其讲授解析几何。这些老师严谨的治学态度、教学风格以及学术水平，对张楚廷他们都产生了深刻的影响。他们所使用的教材是当时世界上水平较高的苏联数学家所编写的，微积分（叫数学分析）是辛钦编写的，微分方程是彼得洛夫斯基编写的，复变函数是普里亚罗夫编著的。

然而好景不长，大学时光刚过到一半，丰富多彩的大学生活戛然而止了，一场席卷全国的风暴来临了，1957 年 5 月成为张楚廷大学生活的一个转折点。中国的知识分子遭受了灭顶之灾，这也是我们民族所遭受的灭顶之灾。1957—1958 年，中国的知识分子大约为 300 万，其中 55 万人被划成了右派分子，包括张楚廷在内的 140 多万人被划成了中右分子。由此可见，中国当年有将近三分之二的知识分子都成了“分子”，都在被“打倒”之列。1957—1959 年，张楚廷后两年的大学生活是在疾风暴雨的“打右派”运动中艰难度过的。

大学的前半段经历，张楚廷收获的是知识、学识、友情、师生情和同学情，释放的是热情与激情，享受的是美好的大学时光；后半段大学生活，张楚廷经历的是无休无止的批斗，对知识分子不断的摧残与折磨，使得张楚廷开始怀疑革命。由于数度被朋友暗算，他开始对朋友一词产生疑惑，常常自问：人间是否有真情？为何人容易被异化？从此，张楚廷不再像以往那样喜欢说话，喜欢交朋友，而是变得沉默寡言、特立独行了，但其仍然在思考着、忧虑着国家与民族的命运与未来。

二、在自学与奋斗中求发展

1959 年夏季，张楚廷从湖南师范学院毕业留校了，这确实出乎许多人的意料。张楚廷认为大致有三方面的因素促成了他的毕业留校，或许可以说成是“天时地利人和”吧。一是天时，这是一个偶然性的因素，1959 年的大饥荒使得阶级斗争有所缓和，与之密切相连的意识形态问题也就没有那么突出了；二是地利，张楚廷是党员，且是党员中成绩相对较好的；三是人和，也是必然性的因素，那就是张楚廷一直处于成绩优异的学生之列，大学毕竟是一个做高深学问的地方，而当年尚不具备从其他更好的大学来补充师资来源的条件。

因此，在张楚廷看来，1959 年是他人生的一个关键年，毕业留校是对他的一次重用，对其以后的人生历程有着重要的影响和深远的意义。因为留在高等学校工作，就有了进一步向高水平教授学习的良好环境，有了获取信息资源的更好条件，当然也就可以有更多机会去接触、去自学他所钟爱的数学专业了。

但是，1959 年并不是一个转折年，并不是从此后就可以平平安安地过日子，安安稳稳地教书、读书和写书了，而是充满了坎坷与崎岖。在当年的中国社会，知识分子是没有办法静下心来做学问的。因此，张楚廷“在大学数学教学中所需要的数学知识，90% 以上来自后来的自学”①。尽管这种自学十分艰辛与不容易，差不多都只能是悄悄地进行，但他从未放弃。

张楚廷毕业留校后，一直坚持边教边学数学，勤奋刻苦，“是当时同辈人中在资料室和图书馆‘泡’的时间最多的年轻人之一”②。更为有幸的是，学校将张楚廷等留校的青年教师组织在一起继续学习、进修，并给他们系统开课讲授的是其大学的恩师，也是其引路人——李盛华老师。李老师毕业于北京大学，“慈祥、忠厚、智慧集他于一身”③，知识广博、深邃，具有前沿性，

① 张楚廷．张楚廷教育文集（第 4 卷）［M］．长沙：湖南教育出版社，2007：529.

② 张楚廷．张楚廷教育文集（第 4 卷）［M］．长沙：湖南教育出版社，2007：503.

③ 张楚廷．张楚廷教育文集（第 4 卷）［M］．长沙：湖南教育出版社，2007：530.

懂得德、英、法、俄四国语言，在中国的数学界很有地位。当时有一种说法是“北有华罗庚，南有李盛华”，但谦逊的李盛华老师并不接受这一说法。

李盛华老师给年轻的张楚廷他们系统讲授过哈尔莫斯的《测度论》以及从英语翻译过来的集合论、关肇直的《泛函分析讲义》，此外还系统讲授过计算数学、半群、李群、模拟计算机等。张楚廷他们遇到的几乎所有问题，只要去请教李盛华老师，都能够得到满意的指导与解答，这就使他们的自学之路变得更为宽广、顺畅。

在当时的社会背景下，张楚廷他们能够精力比较集中地进行学习进修的时间不是很长，就是20世纪60年代初的几年。从此以后的专业进修和业务学习就是一种停停打打、断断续续的状态了。但是这几年的自学，为张楚廷后来的数学专业能力打下了深厚的理论功底，为他日后成为一名数学教授打下了坚实的基础。这种对知识的执着追求、百折不挠的拼搏精神、顽强的专业进取心都成为张楚廷日后成功的宝贵财富。

三、走上大学行政管理之路

1976年，长达10年之久的“文化大革命”结束了，中国知识分子看到了希望和曙光；1978年，一个新的时代开始了。这一年，党的十一届三中全会胜利召开，这是中国现代史上最具划时代意义的一个转折点，开始了改革开放和社会主义现代化建设的新时期。中国人创造了真正属于自己的新时代，真、善、美回到了人间，中国人民可以充分享受自由、平等、尊严等天赋人权。

1979年的一天，组织上给张楚廷平反了。也就在这一年，张楚廷“被真正具有选举意义的选举推出来担任了教研室主任的工作”①。1981年，张楚廷被任命为湖南师大数学系的副主任。同年，李盛华老师向学校提出辞呈，辞去了担任20年之久的湖南师范大学数学系系主任，并建议学校任命张楚廷接替他担任系主任职务，全面主持数学系工作。

1982年，张楚廷又一次“在一种真正意义的选举下进入了大学的领导层”②，张楚廷在湖南师范大学的党代会上，以第二高票当选为党委委员。会议结束后又当选为七人常委之一，担任了湖南师范大学的副校长，正式成为学校的领导班子成员，从此开始走上了大学的行政管理之路。1983年，张楚廷担任湖南师范大学党委书记，成为学校的“一把手”。1986—1989年、

① 张楚廷．张楚廷教育文集（第4卷）［M］．长沙：湖南教育出版社，2007：539.

② 张楚廷．张楚廷教育文集（第4卷）［M］．长沙：湖南教育出版社，2007：539.

1995—2000 年兼任校长和党委书记两职，1990—1994 年只担任校长一职，党委书记是陈信。2000 年，已经 63 岁的张楚廷从湖南师范大学的校长、党委书记岗位退休。2001—2009 年应邀担任湖南涉外经济学院的校长，2010 年至今，一直担任湖南涉外经济学院的名誉校长。

张楚廷走上大学行政领导岗位并非偶然，而是历史的必然。首先，张楚廷具有良好的人格魅力。不管在任何艰难困苦的情况下，他都是吃苦在前，享受在后，心里装的永远是别人，从不计较个人得失；与人为善，择善而从，从不与人争斗，从不算计任何人，就是受了再大的委屈，也是一个人扛着，在大是大非面前，始终“左”不起来，深受群众的拥护和喜爱。所以，一旦人民群众当家做了主人，实行真正意义上的民主选举，张楚廷就高票当选，成了群众的代言人，成了群众的领头人，理所当然地成了大学的行政领导人，而且是中国大学历史上担任校长时间最长者。

其次，张楚廷具有扎实的理论功底。虽然张楚廷大学的四年时光里，只有前两年是在真正学本领、学知识，是真正意义上的大学学习阶段。后两年由于动荡的严峻社会形势，张楚廷不得不在“反右”的社会浪潮中虚度光阴，身心备受煎熬和折磨。但是尽管如此，爱学习、会学习的张楚廷仍然没有忘记自己的专业学习，成绩一直名列前茅，最终以优异成绩毕业留校任教。毕业后继续在恩师李盛华老师的指导下自学成才，如饥似渴地学习与钻研，饱读经书，遨游于知识的海洋中，为日后的数学教学打下了扎实的专业基础。随着改革开放时代的来临，1979 年，张楚廷就有了自己的第一篇论文和第一本著作。由于学术成果丰硕，张楚廷顺理成章地成为湖南师范大学历史上最年轻的 4 位副教授之一，并且是唯一的一位理科“青年”副教授，也是唯一的一位“青年”党员副教授，学校把他作为学习的典型。

最后，张楚廷具有很好的领导才能。从中学起，张楚廷屡任班长、学校学生会副主席，大学阶段一直都是班长，积累了很好的管理经验。他具有极强的凝聚力、号召力和亲和力，善于组织各种活动。他本人也是多才多艺，爱好广泛，能够成为大家的主心骨和核心人物，把快乐带给别人，把愉悦分享给大家。因此，只要条件成熟，有一个供他施展才华的大舞台，很快就会把他的领导才能释放出来。事实证明，张楚廷在湖南师范大学这个舞台上，尽职尽责地扮演好了总设计师的角色，把这 1 平方千米的土地建设得生机勃勃，创造出了中国高等教育史上的一大神话。张楚廷退休后，继续在湖南涉外经济学院这个舞台上，尽情挥洒自己的智慧与汗水，带领全校师生员工，再一次创造了我国民办高等教育的神话。

小　结

张楚廷的成长与时代同呼吸，与国家、民族共命运。他自强不息，奋斗不止，是中华民族优秀儿女的一个典范。张楚廷低调做人，高调做事，严于律己，宽以待人，尊重人、欣赏人、教育人、发展人，把人放在至高无上的地位，为了人的教育事业而努力前行。

在成长的过程中，他始终满怀着一颗感恩的心，从不计较个人得失，埋头苦干，任劳任怨，从大局出发，把一个个大写的“人”字装进自己的心中。无论任何艰难困苦，始终不变的是他对人的尊重与热爱，对教育事业的执着与真诚。他思考着、努力着、奉献着，有一分热发一分光，用自己的聪明才智与辛勤汗水，浇灌着祖国的花朵与未来，奉献着自己的青春与热血。他始终坚信：明天会更好，教育会大有作为，人会大放异彩！

因此，无论是在顺境还是逆境，张楚廷都是一如既往地勤奋努力，一往无前地奋发向上，锤炼自己的意志，在生活中历练自己。在学生时代，他刻苦努力地学习，既是一名好学生，又是一名好干部，深得老师和同学们的喜爱和拥护；在工作岗位上，他扎实肯干，吃苦在前，享受在后，群众关系良好，既是一名好教师，又是一位好朋友。所以，在真正的民主时代来临时，张楚廷实至名归地赢得了大家一致的爱戴和欢迎，获得了相当高的选票，成为大家的“代言人”，为学校师生员工当家做主谋福祉，为祖国的教育事业呕心沥血、鞠躬尽瘁，成为中国高等教育舞台上的一颗璀璨明星。

第二章　思的智慧：保守与超越

张楚廷在教育活动中，形成了一种思考问题的习惯，正如他自己常说的："只要在醒着的时候，就思着，想着，不停地思想着，刻意地思想着。"笛卡尔有句名言："我思故我在。"张楚廷则认为这句话还不足以说明他思考的状态，而应再加上一句："我在故我思。"① 这样就更完整了，于是就思出来了许许多多的教育思想和理论，既有对前人的继承与守护，又有自己的原创理论，超越既有，超越时空，凸显其卓越的教育智慧。

第一节　理论宗旨：人主义

张楚廷著述颇丰，堪称著作等身。迄今为止，他已出版著作100多部（其中独著75部），发表论文1 200多篇，《张楚廷教育文集》更是集中展示了他的教育理论智慧。张楚廷的教育理论博大精深，自成体系，其理论宗旨鲜明，高扬人主义大旗。

一、人主义

主义，通常是指某种特定的思想、宗旨、学说体系或理论。张楚廷的人主义即他对教育现象、教育生活以及教育问题等所持有的系统的理论和主张。张楚廷认为，教育要以人为中心，以人为出发点，强调尊重人、欣赏人、教育人、发展人，这是张楚廷教育理论的根本立足点。张楚廷的人主义特别关注人权、人性、人格，关注人的尊严、人的自由、人的个性发展和人的解放，关注人的思想、道德与情感，关注人的行为、举止，亦即关注人的所思、所想、所作、所为。

在张楚廷的眼里，人是平等的，人是神圣的，人是至高无上的，人人都是天之骄子，人人都是"神圣的思想者""神奇的缔造者"②。教育是一种神圣的事业，不仅教人学会生存，而且教人生存得更好、更有意义、更有神采，

---

① 张楚廷．教学改革的"人和问"[J]．高校教育管理，2015（2）：8－11．

② 张楚廷．张楚廷教育文集（第14卷）[M]．长沙：湖南人民出版社，2012：662．

因此教育毫无疑问是一门关于人的学问。张楚廷将关于人的学问称为“人学”①，并将其分为三大类：作为生物的人的学问、作为人类独有的精神现象的相关学问，以及人与自然、人与社会的相关关系的学问②。打开张楚廷的任何一本著作或论文，“人”字或嵌入字里行间，或跃然纸上，通篇所表达的都是对人的歌颂与敬畏。张楚廷在《人主义谓何》中满怀深情地写下《人颂》，歌颂人的神奇与伟大、美妙与崇高。

托·斯·艾略特在其著名的《教育的宗旨》一文中，详细地论述了乔德博士的三大教育宗旨：职业方面是为了谋生的培训；社会方面是培养具备公民素质；个人方面则是追求完美的境界。③ 这与张楚廷的教育思想有异曲同工之妙，张楚廷从“人之为人”的完善，或者说是个人潜力与天赋的发挥出发，从个体到集体，进而惠及他人，恩泽社会，达到和谐完满。

张楚廷对“人是什么”的问题特别感兴趣，从哲学、教育学的不同视角进行探讨，并专门撰文《人论》，对“人是什么”的问题做出了精妙回答。张楚廷认为，教育的工作对象是人，而教育工作的执行者是教师，那么教师的工作对象理所当然也是人，“是发展中的人，是可智性化、理性化的人，是拥有灵性的人”④；并引用马克思的著名论断“人有许多需要”“他们的需要就是他们的本性”⑤ 来回答“人是什么”的问题。张楚廷得出的结论是：“人是需要乃其本性之一的那种生命”⑥，“对于尊严的渴望，对于自由的渴望，对于美的渴望，都是人的需要，都是人的本性之所在”⑦。张楚廷对于“人是什么”的问题列出了几十个回答，诸如“人是唯一有自我意识的生命体，人成为它自己意志和意识的对象”“人是可以自己赋予自己新的生命的生命，人在发展中发展自己”“人是唯一肩负使自己更像自己（‘人要像人’）的使命并按美的规律塑造自己的生命体”。⑧ 张楚廷引经据典，从马克思、恩格斯、卡西尔等大师那里寻求答案，从理论到实践，寻根究底，以此为自己的人主义找到立论的依据，为自己的理论体系打下坚实的基础，进而探究教育的形式、内容、方法和旨趣。正如张楚廷先生常说的一句话：“人在我心中，我才在人中。我的心让一个高高大大的‘人’字横贯在我的著述之中。”无论是在

---

① 张楚廷．张楚廷教育文集（第1卷）［M］．长沙：湖南教育出版社，2007：359.
② 张楚廷．张楚廷教育文集（第1卷）［M］．长沙：湖南教育出版社，2007：360.
③ 杨自伍．教育：让人成为人［M］．北京：北京大学出版社，2010：263.
④ 张楚廷．张楚廷教育文集（第2卷）［M］．长沙：湖南教育出版社，2007：513.
⑤ ［德］马克思，恩格斯．马克思恩格斯全集（第3卷）［M］．北京：人民出版社，1995：326.
⑥ 张楚廷．张楚廷教育文集（第2卷）［M］．长沙：湖南教育出版社，2007：515
⑦ 张楚廷．张楚廷教育文集（第2卷）［M］．长沙：湖南教育出版社，2007：513，516.
⑧ 张楚廷．张楚廷教育文集（第2卷）［M］．长沙：湖南教育出版社，2007：520.

他的报告、讲座、课堂教学中，还是在与学生的亲切交流中，贯穿始终的都是人主义的教育思想。

在张楚廷看来，人只有接受教育才能更好地认识自我、发展自我，获取更大的自由，实现真正的自由，就像蒙田所言："人类的最大任务就是学会成为自己的主人。"① 为了实现这一目标，就得激发个人的求知欲，因为亚里士多德曾经宣称："人生来就充满了求知欲。"② 这是一种基本的人性，是人所具有的独特性，是教育的前提之所在。在卡西尔看来，"文化形式都是符号形式"，因而"应当把人定义为符号的动物，而不是理性的动物"③。人就是通过学习、求知、习得文化而成为人的！

二、人主义与人本、神本、物本、社本、官本

为了更好地理解张楚廷所言的人主义理论，笔者认为很有必要对几个基本概念做一个比较与区分。人主义是一个意蕴深远的词，抑或可以称之为人哲学，是一个紧紧围绕着人展开却"永远不可能结束的话题"④，有着非常丰富的内涵和外延。诸如人文素质、人文修养、人文知识、人文教育、人文科学、人文主义等。在张楚廷看来，"人文的，即人的"⑤，只要与人有关系的，都属于人主义的范畴。因此人主义所探讨的主要是"人文，人性，人权，自由，平等，博爱"⑥ 等。

人主义有别于人本、神本、物本、社本和官本。人本即以人为本，以人为出发点，"以人本身为目的，以人为尺度"⑦，认为是人创造了事物，创造了社会，创造了人类文明。神本即以神为本，认为神是万能的，是可以主宰一切的，世界上的万事万物都是由神创造的。物本即以物质为根本，是一种典型的拜金主义。社本即以社会为本，认为人是社会的产物，是社会创造了人。官本就是以权势为根本，以统治者的利益为准绳，于是，官就成了"一切制度的出发点、一切事物的参照系"⑧。

人主义是人本的上位概念，人主义就是研究人的，没有相对面，最核心

① [德]卡西尔. 人论 [M]. 李化梅，译. 北京：西苑出版社，2009：4.
② [德]卡西尔. 人论 [M]. 李化梅，译. 北京：西苑出版社，2009：5.
③ [德]卡西尔. 人论 [M]. 李化梅，译. 北京：西苑出版社，2009：36.
④ 张楚廷. 张楚廷教育文集（第 14 卷）[M]. 长沙：湖南人民出版社，2012：653.
⑤ 张楚廷. 张楚廷教育文集（第 14 卷）[M]. 长沙：湖南人民出版社，2012：655.
⑥ 张楚廷. 张楚廷教育文集（第 14 卷）[M]. 长沙：湖南人民出版社，2012：654.
⑦ 张楚廷. 张楚廷教育文集（第 15 卷）[M]. 长沙：湖南人民出版社，2012：396.
⑧ 张楚廷. 张楚廷教育文集（第 15 卷）[M]. 长沙：湖南人民出版社，2012：396.

的问题是人，是一个哲学命题，神本、物本、社本、官本是对人本的异化和挑战。人是地球上最神奇的生命，充满了神秘与神圣，正如卢梭所说："人类一切知识中最有用但最不完善的知识就是关于人的知识。"① 人有思想、有意识，心灵手巧，巧夺天工。历史与现实都证明：是人创造了神、事物、社会和官，而不是相反！

第二节　理论路径：保守与超越

理论是文化的重要组成部分，属于高深文化的范畴。文化天然地具有传承与创新知识的功能，具有保守性与超越性，因而理论也天然地具有保守性与超越性。张楚廷认为，"保守"意即"保护和守卫人类文化"②，"保"即"保护、保存、保全"，"守"即"守卫、坚守、守护"，并非墨守成规意义上的"保守"。"超"即"超过、超出"，"越"即"越过、飞跃、跨越"之意。张楚廷的人主义理论正是遵循了保守与超越两条路径：既保守那些伟大教育家的思想精髓，又有自己的独特创新，超越已有的教育理论。

纵观张楚廷的著作、论文、报告和讲座，回顾每一次与他的恳谈，仿佛都在不约而同地诉说着同一个故事：人的教育！一个个大写的"人"，一个个活生生的"人"，一个个有质感的"人"，关注着人的成长与发展，珍爱着人的自由与解放。

一、教育对象：人人平等

张楚廷的人主义教育思想认为，教育面前人人平等，人人都可以成为教育对象，人人享有受教育的权利，教育是为人人服务的，没有一部分人凌驾于另一部分人之上的教育。人人都可以通过教育，把自己培养成为自己，只是后一个自己比前一个自己更聪明、更智慧、更高尚、更完美。

此观点正是沿袭了我国的教育鼻祖——孔子的"有教无类"的教育思想。孔子认为，人的天赋素质都是差不多的，之所以出现人与人之间的个性差异，是由后天教育与社会环境的影响所致，即所谓"性相近，习相远"。因此，人人都可以成为教育对象，人人都应该接受教育，人人都有可能被教育好。

世界上第一个伟大的现代教育理想主义者夸美纽斯在 17 世纪时就响亮地提出了"人权教育"思想，并认真制定了全民教育方案。他认为"教育作为

---

① ［法］卢梭．论人类不平等的起源和基础［M］．北京：商务印书馆，1959：12.

② 张楚廷．高等教育学导论［M］．北京：人民教育出版社，2010：112.

一项人权应由所有人分享”，这里的“人权”所指的是“所有生来具有人的身份的群体都有与生俱来的并且是看得见的相同结局，那就是他们都是人，都是理性动物”。每个人都应该拥有足够的机会去获得使自身能够得到发展的一种接受教育的权利，不论其阶级、经济地位、性别以及文化背景等有多么不同，因此，“教育应当是普遍的，适合社会中所有的孩子”[①] 的。由此可见，张楚廷正是借鉴了古今中外最伟大教育家的思想精粹，进而总结出了自己的教育对象观。

二、教育目的：人的发展是根本

人主义特别关注人，重视人的发展。张楚廷认为，教育目的具有综合性，从自然—人—社会的逻辑层面来看，教育一方面是为了自然，为了生态和谐，为了使天更蓝，山更绿，水更清，空气更清新；另一方面是为了社会，为了社会的健康稳定发展，为了让社会更安定，更团结，社会经济繁荣，政治民主平等，国泰民安。但教育的根本目的是人的发展，“让人更富有、更聪明、更高尚”[②]，这是教育最为直接的目的，也是最为现实的目的。

人的发展是社会发展的基础，是经济发展的基础，当然也是人与自然和谐共生的基础。教育的价值与人的价值紧密相连，离开了人的价值，教育的价值就如同无源之水、无本之木。教育只有始终围绕“为了人的发展”这一根本目的，才能在教育的整个过程当中体现出人文关怀，教育者才会无私奉献，发光发热，照亮学生前进的航程，发自内心地尊重学生，理解学生，关心、体贴、爱护学生，进而教导、引导、指导学生，帮助学生茁壮成长。诚如马克思主义的经典名言：“每个人的自由发展是一切人的自由发展的条件。”[③] 马克思认为，“人的根本就是人本身”，“人是人的最高本质”[④]。也恰如奥古斯丁的教育目的观：“充分发挥个人的潜质，让他们更全面地认识自己内心的圣灵。”[⑤]

在教育历史上，还有许多著名教育家的教育目的论影响深远。一是社会

---

① ［爱尔兰］弗兰克·M·弗拉纳根．最伟大的教育家［M］．卢立涛，安传达，译．上海：华东师范大学出版社，2009：66.

② 张楚廷．张楚廷教育文集（第9卷）［M］．长沙：湖南教育出版社，2007：263.

③ 中共中央马克思恩格斯列宁斯大林著作编译局．马克思恩格斯选集（第1卷）［M］．北京：人民出版社，1995：273.

④ 中共中央马克思恩格斯列宁斯大林著作编译局．马克思恩格斯选集（第1卷）［M］．北京：人民出版社，1995：9.

⑤ ［爱尔兰］弗兰克·M·弗拉纳根．最伟大的教育家［M］．卢立涛，安传达，译．上海：华东师范大学出版社，2009：59.

目的论。持这种观点的人认为，教育目的是为社会造福，其实质是为统治阶级服务的。比如，苏格拉底的教学目的并不是增长个人的知识或智慧，而是有一个严肃的社会目的，无论是个人还是社会绝大多数人都应该关注道德生活，因为“无数个体的行动会带来一个公正的社会”①。昆体良认为，教育的目的是培养从事公共事业的雄辩家，“最大限度地服务于公共宣传和公共生活的专门人才”②。二是知识目的论。最有代表性的是纽曼的“知识本身即为目的”，大学教育“不能与知识本身相分离”，这是“人类心智的本性”③。三是杜威的“教育无目的论”。“教育的目的就是获得更多和更好的教育”④，“教育的过程，在它自身之外没有目的，它就是它自己的目的”⑤。

相比较而言，张楚廷人主义的教育目的内涵要丰富得多，内容也要深刻得多。张楚廷的观点与杜威的论点针锋相对，不仅认为教育是有目的的，而且可以从几个不同的层面来得以体现：教育的目的是社会的发展、经济的发展、自然的发展，更重要的是人的发展。这几个方面既相对独立，又彼此关联，具有综合性。纽曼的教育目的只是人主义教育目中的一个重要组成部分。张楚廷认为，获取知识只是为了让人更好地发展，在知识方面更富有，除此之外，还得在思维结构上更聪明，在道德品质上更高尚。唯有如此，才能发展成为一个对社会有贡献的人。

三、师生关系：主导与主体

师生关系是一种非常微妙的人际关系，自古以来就是一个与教学相伴相生的焦点问题。张楚廷认为，最有利于人的全面发展的师生关系应是“教师主导作用与学生主体作用相结合”⑥，意即在教学过程中，教师的作用主要是“引导、指导、教导”⑦ 学生的“学”，而教学任务完成的主体是学生，教师的“教”离不开学生的“学”，反之，学生的“学”也离不开教师的“教”，二者相辅相成，相互影响，相互作用，互相结合，教学相长。

---

① ［爱尔兰］弗兰克·M·弗拉纳根. 最伟大的教育家［M］. 卢立涛，安传达，译. 上海：华东师范大学出版社，2009：6.

② ［爱尔兰］弗兰克·M·弗拉纳根. 最伟大的教育家［M］. 卢立涛，安传达，译. 上海：华东师范大学出版社，2009：48.

③ ［英］约翰·亨利·纽曼. 大学的理想［M］. 徐辉，顾建新，何曙荣，译. 杭州：浙江教育出版社，2001：23.

④ ［美］约翰·杜威. 民主主义与教育［M］. 王承绪，译. 北京：人民教育出版社，2001：19.

⑤ ［美］约翰·杜威. 民主主义与教育［M］. 王承绪，译. 北京：人民教育出版社，2001：58.

⑥ 张楚廷. 张楚廷教育文集（第9卷）［M］. 长沙：湖南教育出版社，2007：530.

⑦ 张楚廷. 张楚廷教育文集（第9卷）［M］. 长沙：湖南教育出版社，2007：499.

张楚廷的这种观点既有别于“教师中心论”，又与“学生中心论”明显不同。历史上较为典型的“教师中心论”是我国古代的“天地君亲师”、西方中世纪时期的神权思想，教师均处于绝对支配地位，以及德国赫尔巴特等教育家所提出的“三中心论”：教师中心、课堂中心、系统知识中心。而“学生中心论”代表性人物及观点主要有奥古斯丁的“以学习者为中心”，以及卢梭、杜威、布伯、尼尔等的“儿童中心论”。

张楚廷的人主义教育思想的特征是：客观、理性、辩证地看待师生之间的关系，提倡教学民主。张楚廷认为：教师与学生人格平等，应互相尊重，相互学习；在政治上平等，都充分享有宪法所赋予他们的基本权利；在真理面前平等，不能因为有对知识的已知与未知、先知与后知、多知与少知所带来的地位不平等。这正是承继了贤人先哲们对待师生追求真理与求知关系的精华。在我国古代就有孔子“三人行，必有我师焉。择其善者而从之，其不善者而改之”的论述。西方的苏格拉底亦认为“教师也可能从学生身上学到很多知识”①。韩愈在《师说》中也写道：“故弟子不必不如师，师不必贤于弟子，闻道有先后，术业有专攻。”在韩愈看来，师生之间的关系是以“道”与“业”来衡量的，先有“道”者即为师，先有专“业”学问者即可为师，而不应受年龄、资格、地位等的限制。显然，张楚廷的人主义教育思想既有保守的一面，又有超越的一面。

四、教学方法：“问题”教学法

每个人都有自己独特的教学方法，在这种独特的教学方法下，形成个性化的、独具特色的教学风格。张楚廷提倡并一以贯之的“问题”教学法体现在如下方面：教师在课堂上展现的不仅应是“思想流、意识流”，更应是“问题流”，一堂好课就是一个“问题串”。因为“问题是学问的细胞”②，每一项科学研究都是由一串串的问题构成的。问题的答案或隐藏在问题之中，或在问题之间的缝隙之中，或直接停留在问题本身，给学生留下极其丰富美妙的想象空间。好的教学方法应能够给学生以启迪，开启学生的智慧之门。张楚廷称赞的好课堂，不但师生充满创意的对话要贯穿始终，而且教师要激发学生的灵感，使其提出质疑。张楚廷认为：优秀的教师应是“能够让学生提出

① ［爱尔兰］弗兰克·M·弗拉纳根．最伟大的教育家［M］．卢立涛，安传达，译．上海：华东师范大学出版社，2009：5.

② 张楚廷．高等教育哲学［M］．长沙：湖南教育出版社，2004：348.

问题的教师”，最优秀的教师则是“能够让学生问倒自己的教师”。[①] 唯有如此，才能真正走向研究性学习，并朝着快乐学习大踏步前进。

张楚廷深信，学问就是“学着发问，学着问问题”。学会发问会使人“更有学问”“更聪明”，因而会“更富创造性”。[②] 做学问就是学会发问，学会询问，学会质疑，学会批判。学会运用不同的技巧发问，诸如“形式性发问”“联想性发问”“异向性发问”以及“反思性发问”[③]，让学生想问，肯问，敢问，会问，乐问，好问，善问，勤问。热爱发问就是热爱学问，热爱疑惑就是热爱求知，热爱深问就是热爱智慧，表明学生有浓厚的求知兴趣，他们不仅想知之甚多，而且想要知之甚明、知之甚深！这就要求教师要引导学生进行挑战性的发问，有时甚至是颠覆性的发问。

“发问”或者说是“提问”的教学方法古已有之。早在两千多年前的古希腊雅典，著名教育家苏格拉底就运用了一种非常有效的教学方法——“辩驳”教学法来激发学生进行学习。辩驳的过程就是一个“质疑的过程”，其基本程序就是：通过提出一系列具有挑战性问题的方式将一种“非常确定的知识引向一种矛盾对立的、不一致的以及错误的状态”。其最终目标就是要让学生意识到“自己的无知状态以及问题的复杂性”，进而开启学生的睿智，进入“开始学习的良好状态”[④]。相比之下，张楚廷的“问题”教学法之中的“异向性发问”“反思性发问”对“发问”要求更高。“异向性发问”即所谓“唱反调”，常常使用“不”“无”“反”等具有否定含义的字眼来开发学生的创造性思维，特别是具有原创性和突破性的思维。“反思性发问”是对问题本身进行反思，意即对命题的前提进行反思，最为难能可贵的是质疑命题的隐性前提，以此来激发学生的求知欲望，启迪学生的学习热情。很明显，张楚廷的“问题”教学法既继承了苏格拉底“辩驳”教学法的精华，又对其理论进行丰富与拓展，实现了理论上的创新，足见其伟大的教育理论智慧！

第三节　理论结晶

张楚廷的教育理论智慧闪闪发光，其理论结晶成果丰硕，贯穿始终的是其独特的人主义教育思想。本书仅撷取其中最为精华、最有代表性的五个理

① 张楚廷．高等教育哲学［M］．长沙：湖南教育出版社，2004：348.

② 张楚廷．学问与“学问”［J］．中国教育学刊，2002（3）：43－44.

③ 张楚廷．学会发问［J］．中国教育学刊，2003（9）：23－27.

④ ［爱尔兰］弗兰克·M·弗拉纳根．最伟大的教育家［M］．卢立涛，安传达，译．上海：华东师范大学出版社，2009：5－6.

论进行阐述，其共同特点都在于深切地体现出了张楚廷一以贯之的人主义教育思想。本书认为，张楚廷关于人的全面发展理论、素质教育理论是对已有教育理论的发扬光大，而生命论、教育公理和“五 I”思想则属于理论创新，是其原创的教育理论。

一、人的全面发展理论

人的全面发展理论并非是张楚廷的首创，许多人都提出过、阐释过，但张楚廷的全面发展理论既具有保守性，又具有超越性，从人为什么要全面发展、发展什么和怎样发展等三个层面进行了不一样的诠释。

在张楚廷看来，教育目的就是“让学生自己成为自己”①。前一个“自己”是天赋的具有可发展性的人，后一个“自己”则是在前一个“自己”的基础上发展起来的人。因此，“人为什么要全面发展”，就成为这一理论的第一问。“人的可发展性是一切教育存在的合理性基础”②，与人的自我意识紧密相关。张楚廷认为，人的可发展性至少可以包含五个方面的内容，即“可反身性、可自控性、可受授性、可暗示性（或可感染性）、可超越性”③，并详细阐述了每一个方面的含义。

张楚廷认为，可反身性和可自控性可以合并起来称为自反心理，意即自己作用于自己的心理活动，属于同一过程的两个方面，是从人的内在去表达人的可发展性的。正如马克思所说：“人能动地、现实地复现自己，从而在他所创造的世界中直观自身。”④ 因此，人有时是间接地通过外部世界，特别是通过自己所创造的世界看到自己，而更多的时候是直接地通过自己的意识看到自己，以自我意识作用于自己的。

可反身性是指“人可以自己以自己为意识对象”，“自己催促自己发展，催促自己向前走”。⑤ 自己相信自己，自己认识自己，自己尊重自己，自己鼓励自己，自己提升自己，自己安抚自己，自己振奋自己，自己勉励自己。在张楚廷看来，人的这种可反身性是可发展的。无论是来自父母的叮嘱，还是来自教师的启迪，都只有当他们真正走向自己催促自己发展的时候，父母和教师的辅助作用才会更充分地发挥出来。也只有当这种特性进一步得到强化

① 张楚廷．高等教育哲学［M］．长沙：湖南教育出版社，2004：418.
② 张楚廷．高等教育哲学［M］．长沙：湖南教育出版社，2004：416.
③ 张楚廷．高等教育哲学［M］．长沙：湖南教育出版社，2004：417.
④ ［德］马克思，恩格斯．马克思恩格斯全集（第 42 卷）［M］．北京：人民出版社，1979：97.
⑤ 张楚廷．高等教育哲学［M］．长沙：湖南教育出版社，2004：417.

时，人的事实上的发展才会更加明显。可自控性是指“自己阻止自己停滞和倒退，自己控制自己不向后退”[①]，进行自我约束、自我鞭策、防止自我欺骗、自我怨恨、自我轻视、自我毁损等现象发生。

依据张楚廷的观点，可受授性和可暗示性也是属于同一过程的两个方面，是从人与外在因素的交往中来表达人的可发展性的。可受授性是指“主体接受外界以显性的方式传递的信息”[②]。这里所指的“显性”包括学生接受教师的口头、书面传授以及通过自我阅读等途径所获取的信息。可暗示性是指“主体接受外界以隐性的方式传递的信息”[③]。此处“隐性”既可指人，也可指物，尤其是环境的暗示作用，诸如自然环境、文化环境、观念环境与艺术环境等。即便是在同一环境下，不同的人所获取的暗示性信息在广泛性和深刻性等方面也会存在差异。所以，人能够发展自己的可发展性，而且具有多方面发展的条件。可超越性则是“可发展性中的较高级形式，人亦具有可适应性”[④]。人在发展中既可超越自我、超越当下，还可以超越既有、超越现实，进而不断走向完善和完美。

人的可发展性是天赋的权利，因此，全面发展更是人的一种权利。正如马克思所说：“人的全面发展意味着自己真正获得解放。”[⑤] 意思是说，“人的全面发展就是人的解放，人自己的解放，真正的解放，自己获得的解放”[⑥]。学校和社会都有责任和义务来保障学生的全面发展，既要防止人的畸形发展，又要避免人的片面发展，还要使人不受到压抑和限制。

人不断地从内部和外部世界获取着日益丰富的信息，进而发展自身，发展自身的自我意识、自我意志力、自我体验力以及接受外部信息的能力。获取信息不仅是自身发展的需要，同时也是经济发展的需要，社会发展的需要，更是时代发展的迫切需要。正如马克思所言，“人有许多需要”，“他们的需要即是他们的本性”。人有全面发展的需要，在张楚廷看来，全面发展“主要指的是某些基本方面的发展”，并不单纯意味着量的全面发展，而是有其实质性含义，“在很大程度上是指协调发展，和谐发展”，实质是“个性发展”，[⑦] 更是人的自由发展，关注的是人的个性、需要、志趣和潜能的发展，离开了个

① 张楚廷．高等教育哲学［M］．长沙：湖南教育出版社，2004：417.

② 张楚廷．高等教育哲学［M］．长沙：湖南教育出版社，2004：419.

③ 张楚廷．高等教育哲学［M］．长沙：湖南教育出版社，2004：419.

④ 张楚廷．高等教育哲学［M］．长沙：湖南教育出版社，2004：420.

⑤ ［德］马克思，恩格斯．马克思恩格斯全集（第3卷）［M］．北京：人民出版社，1979：286.

⑥ 张楚廷．教育基本原理——一种基于公理的教育学［M］．长沙：湖南师范大学出版社，2009：229.

⑦ 张楚廷．高等教育哲学［M］．长沙：湖南教育出版社，2004：424.

性发展和自由发展的全面发展是无法理解和想象的。只有充分的个性发展才能促使人的协调发展，促使人由相对片面的发展走向相对全面的发展。从共时性来看，人时刻都处于一种相对片面发展的状态；从历时性来看，人则时刻处于一种向相对全面的方向发展与前进之中，是发展着走向全面的。

二、素质教育理论

张楚廷对素质教育的研究可谓是匠心独运、感受至深，先后出版过两本专著《大学人文精神构架》（1996 年）和《素质：中国教育的沉思》（2001 年），专门研究素质教育的问题。在《高等教育学导论》（2010 年）、《高等教育哲学通论》（2010 年）等论著中辟有专章论述，在其他的论著以及论文中也多有涉猎，其教育思想深刻，理论体系完整，观点独特，涉及许多教育的根本问题，或者说涉及若干教育的基本理论问题，具有十分重要的理论和现实意义。

在张楚廷看来，素质教育“为真实的人本教育”①，而不是“一种额外教育”②，“是一种思想，并不是一种模式”③，“是以提升和完善人的素养和品质为根本宗旨的一种教育思想。简而言之，它是直接指向人自身、直接为着人自身的教育”④。既不能把知识教育、文化教育等同于素质教育，也不能把能力培养视同为素质教育。

所谓素质是指“在人的一定的先天生理基础上，由后天获得经验和知识并经心理系统内化而形成的相对稳定的品质”⑤。意思是说，一个人素质的形成，虽与先天生理因素有关，但主要还是由后天心理逐渐发展起来的。虽与个人的知识、经验有关，但必须是经过内化后所形成的、相对稳定的那部分心理品质。素质“是一种内在之物的外显”“不只是受认识的支配，它受更深层、更融于深处的东西所支配”。⑥ 素质教育“强调的是在后天修炼中获得良好品质。让知识、经验、事实等外在的东西凝结在人的心底里，变成人的根基；让兴趣、爱好、情感等去感化人的习性、品格，净化、美化人的心灵”。可以说，素质教育“是关注最基本，回到最基本”⑦。因此，我们关注素质和

---

① 张楚廷. 张楚廷教育文集（第 8 卷）[M]. 长沙：湖南教育出版社，2007：1（本卷序）.
② 张楚廷. 张楚廷教育文集（第 8 卷）[M]. 长沙：湖南教育出版社，2007：582.
③ 张楚廷. 素质：中国教育的沉思 [M]. 武汉：华中科技大学出版社，2001：266.
④ 张楚廷. 高等教育哲学通论 [M]. 北京：高等教育出版社，2010：234.
⑤ 张楚廷. 张楚廷教育文集（第 8 卷）[M]. 长沙：湖南教育出版社，2007：345.
⑥ 张楚廷. 张楚廷教育文集（第 8 卷）[M]. 长沙：湖南教育出版社，2007：347.
⑦ 张楚廷. 素质：中国教育的沉思 [M]. 武汉：华中科技大学出版社，2001：122－123.

素质教育，就是在更深切地关注人，关注人这种能够获得新的生命的生命，就是在不断地求真、求善、求美。

依据张楚廷的观点，素质教育应从人文切入，从加强人文教育入手。教育的目标就是要促进人、经济与社会协调发展，而人的发展是基础性发展，是更基本的教育目标。素质教育“是直接着眼于人的发展的教育思想”“关注的是人的根本性的质性方面的发展”。① 素质教育所指向的是人的心灵，包括人内在品质的变化。关注的是人的大智大慧，即发自人的心灵最深处的智慧，既包括智性智慧，又包括理性智慧。而“开设人文课程是实施人文教育的必要途径”②，因为人文课程对于学生的思维结构、知识结构以及价值观念结构等都有着非常重要的影响，是最为直接作用于人的素质的课程。素质教育所追求的是在人文课程引领下，人文课程与科学课程、社会课程的和谐与融合，并不意味着三者择一。人文引领，即以人为本，这是一个根本点。失去了这个本源的存在，没有人文课程的引领，科学课程与社会课程也会迷失自己的方向。

我国古代的许多论述就蕴含着丰富的人文教育思想，诸如《后汉书·公孙瓒传论》的“舍诸天文，征乎人文”，《易·贲象》的“文明以止，人文也……观乎人文，以化成天下”。唐礼贤注：“人文犹人事也。”唐孔颖达疏：“圣人观察人文，则诗书礼乐之谓，当法此教而化成天下也。”这些论断都说明人文教育对于一个人的整体素质形成能产生重要作用和影响。

加强人文教育就是要加强文、史、哲、艺术等方面的教育，不断增强学生的人文修养，完善学生的整体素质。张楚廷认为：“知识吸取问题，是学习的问题。能力培养问题，是元学习的问题。素质教育问题，则是对学习与元学习的综合和更为深沉的思索。”③ 所以说，“人文素质教育基础，是一个出发点”④，人文知识是对于人的素质最为直接，也是最为基本的知识。因此，张楚廷提出了三个“更基本”：“相对于各种教育内容而言，对素质的考虑更基本；相对于各种素质而言，文化素质更基本；相对于各类知识而言，人文知识更基本。”⑤ 因为教育的根基在人，教育起源于人自身生存和发展的需要。在我国现代社会里，“素质教育是通识教育的灵魂”⑥，在关注知识与能力的同时，更为看重的是人的综合素质的提升。大学的终极关怀表现在对于人的

---

① 张楚廷．张楚廷教育文集（第8卷）[M]．长沙：湖南教育出版社，2007：577.
② 张楚廷．张楚廷教育文集（第8卷）[M]．长沙：湖南教育出版社，2007：369.
③ 张楚廷．素质：中国教育的沉思 [M]．武汉：华中科技大学出版社，2001：114.
④ 张楚廷．张楚廷教育文集（第8卷）[M]．长沙：湖南教育出版社，2007：390.
⑤ 张楚廷．素质：中国教育的沉思 [M]．武汉：华中科技大学出版社，2001：121.
⑥ 张楚廷．张楚廷教育文集（第13卷）[M]．长沙：湖南人民出版社，2012：536.

智慧与理性的不断增强，以及对于人的地位的不断提升上，高等教育的根本目的就是使人得到更优质、更好的发展。

加强素质教育，既要加强认知心理素质的改善，又要加强非认知心理素质的改善。在张楚廷看来，人所拥有的知识和客观事实是通过人的心理系统来影响人的素质的，而在人的心理系统中，非认知心理系统又有着特别重要的作用，因此在素质教育中，它应该受到特殊的重视。在张楚廷心中，最有价值的教育就是以人的发展为基础，共同促进人与社会协调和谐发展的教育。这种教育不仅能够给予学生知识和能力，还能够充分全面地发展学生的个性，使学生变得更高大、更聪明、更富有、更智慧、更高尚，使学生素质得到更完善的发展。

三、生命论

生命论是张楚廷高等教育哲学的基础，也是其高等教育哲学的核心思想。张楚廷在深入考察、充分论证的基础上，对布鲁贝克的认识论高等教育哲学和政治论高等教育哲学给予批判，认为认识论高等教育哲学是片面的，而政治论高等教育哲学是站不住脚的，从而提出了生命论高等教育哲学思想。这是一个原创性理论，在其专著《高等教育哲学》（2004 年）、《高等教育哲学通论》（2010 年）中都有大量精辟的论述和阐释。

在张楚廷看来，高等教育的产生有其历史的偶然性与必然性。一方面，高等教育何时、何地产生有着很大的偶然性，以斯坦福大学的创建为例。1885 年，美国加州的铁路大王、曾担任加州州长的老利兰 · 斯坦福为纪念他在意大利游历时染上伤寒病去世的年仅 17 岁的独生儿子，决定慷慨解囊，捐钱在帕拉阿图（Palo Alto）这个地方创建一所以他儿子的名字小利兰 · 斯坦福命名的大学，并把自己用来培训优种赛马的农场拿出来作为学校的校园。由此可见，如果不是因为斯坦福夫妇带着他们的儿子远赴欧洲的游历，如果不是因为他们的儿子在旅途中非常不幸地染疾去世，那么，老利兰 · 斯坦福或许就不会想到要在他的农场上去捐资创建一所大学。

另一方面，高等教育的产生更有其历史的必然性。这就是人的生命力，人天然具有一种提升自己生命品质的追求，有着展现自己生命力的强烈欲望。教育是生成的，高等教育也是生成的，都是人这种生成物所生成的，生成的大学在生成之后又具有了新的生成能力。从高等教育的起源得知，大学最初是由民间兴办起来的，兴办者也由学生、教师到牧师、商人、实业家、政府等，高等教育对于人生命的意义向更深层次发展。“教育起源于人这种特殊生命的活力，高等教育是这种活力的进一步腾升和上扬。”① 在张楚廷看来，高等教育“原本是生命孕育出来的”，“是作为人生活的一部分而诞生的”②。“教育是（人的）生命的表现……高等教育是（人的）生命的最强旺的表现。”③ 求知是人类的本性，教育亦是人类的本性。

高等教育既是理性主义的产物，又是非理性主义的产物。理性与非理性都是人区别于动物世界的重要的组成要素，“人的非理性是先天的，却是在后天可以发展变化的；理性大体上是后天的，却是必然与先天的非理性相关相切的”④。人的非理性如果得到积极和谐的发展，则人可以变得更加完善；同样，人的理性则为教育的必然性提供了强有力的支撑，使人成为人，成为更高大、更智慧、更高尚的人。因此，“人性不只是表现为非理性，也绝不会只表现为理性。生命论哲学其实也就是人性哲学”⑤。

四、教育公理

张楚廷对于我国教育学的突出贡献之一便是提出了五个教育公理，也可以称为教育学的五个基本命题。之所以称其为公理，是因为这些命题都具有不证自明的特征，具有公认性，是教育学的起点命题或者说是原始命题，教育学的其他命题都是在此基础上展开的。

张楚廷的教育公理以人为起点，以人的发展为目标，一直在追问、在思索着的问题就是“人是什么”，这是根本性问题，并在此基础上继续探求“教育是什么”“如何才能让教育真正成为人的教育”。为了揭开“人”和“教育”的神秘面纱，张楚廷做了大量周密细致的工作，提出了既相对独立与完备又相互关联与相容的五条教育公理。

第一条教育公理是存在公理（潜在公理）——“人身上存在着天赋的未发展的自然力，或种子，或胚芽”⑥。这条公理对前人的思想既有保守又有超越，康德曾说过：“人生来具有许多未发展的胚芽。”⑦ 夸美纽斯也说过：“种子自然存在我们身上。”⑧ 这一公理旗帜鲜明地指出了教育发生的基础在于

---

① 张楚廷．高等教育哲学［M］．长沙：湖南教育出版社，2004：10.
② 张楚廷．高等教育哲学［M］．长沙：湖南教育出版社，2004：12.
③ 张楚廷．高等教育哲学通论［M］．北京：高等教育出版社，2010：149.
④ 张楚廷．高等教育哲学通论［M］．北京：高等教育出版社，2010：150.
⑤ 张楚廷．高等教育哲学通论［M］．北京：高等教育出版社，2010：150.
⑥ 张楚廷．教育基本原理——一种基于公理的教育学［M］．长沙：湖南师范大学出版社，2009：6.
⑦ 任钟印．世界教育名著通鉴［M］．武汉：湖北教育出版社，1994：499.
⑧ ［捷克］夸美纽斯．大教学论［M］．傅任敢，译．北京：教育科学出版社，1999：13.

“人身上有一种存在，一种特殊的存在，甚至可直接说人是一种特殊存在”①。张楚廷认为，这条公理可以解答教育领域中许许多多的问题，诸如教育是如何产生的，教育的起源是什么，教育的本性是什么，为什么人类需要教育，为何教育可以得到不断发展，等等。这一切都是因为人身上存在着未发展的种子或胚芽，只要条件成熟就会生根、发芽、茁壮成长。

第二条教育公理是能动公理（动因公理）——“人身上存在的尚未发展的自然力（或种子、或胚芽）是能动的，因而是可发展的”②。这条公理讲的是教育生存的基础所在，指明人之所以可以发展，是因为人是一种能动的存在，这种特殊存在具有可教育性，意即可发展性、能动性、可塑性等特殊性质，从而指明了教育活动的期望和可能发展的空间。

第三条教育公理是反身公理（自反公理或反称公理）——“人是通过自我对象化、对象自我化来能动地开发自己潜能的”③。意即通过人的“对象二重化”④ 来不断展现生命并获得新的生命。所谓“对象二重化”是指自我对象化和对象自我化。张楚廷把人自身成为自己的对象称为“自我对象化”，而把人在所创造或是所作用的对象中自己看到自己、自己反称自己、自己显身自己称为“对象自我化”。这条公理指明了人是以什么样的方式来能动及其展开的基本过程。

人自己成为自己意志和意识的对象是一种内在的外在，而人所作用的对象看似是外在的，却在这个外在之中将其内在化了，这就是人与自身的辩证逻辑关系。人就是在自己的内部世界与外部世界的相互作用与反作用中，不断发现自我、直观自身、彰显自己、创造自己、充实自己、完善自己，人自始至终都是用自己的心灵与自己及外部世界进行交流与融通。反身公理说的是一种我我关系，给教育提供了许多有益的启示与借鉴，特别指明了教育活动中主客体相融合的价值和意义。

第四条教育公理是美学公理（需要公理）——“人在以反身为基本方式催动自己发展的时候，最基本的营养剂是美学要素”⑤。意思是说，人在生长和发展的过程中，起基本作用的是美学要素。美学要素不仅是人在生长过程中的一种基本养料，而且是人在发展过程中的一种基本需要，而教育正好为人提供美学要素这种需要和养料。正如夸美纽斯在《大教学论》的开篇中所

① 张楚廷．教育基本原理——一种基于公理的教育学［M］．长沙：湖南师范大学出版社，2009：20.
② 张楚廷．教育基本原理——一种基于公理的教育学［M］．长沙：湖南师范大学出版社，2009：9.
③ 张楚廷．教育基本原理——一种基于公理的教育学［M］．长沙：湖南师范大学出版社，2009：13.
④ 张楚廷．教育基本原理——一种基于公理的教育学［M］．长沙：湖南师范大学出版社，2009：12.
⑤ 张楚廷．教育基本原理——一种基于公理的教育学［M］．长沙：湖南师范大学出版社，2009：16.

说，教育就是“把一切事物教给一切人们的全部艺术”①。人并非生来就尽善尽美，只是在人的生长发展过程中，在反身自己的时候，“懂得处处都把内在的尺度运用于对象”②，“按照美的规律来构造”③ 自己，使得自己更加美丽、美好、美妙，进而走向完美。而教育能够让美走进学生的心灵，使其自己获得自己的美好新生命。

第五条教育公理是中介公理（环境公理）——“在人的反身活动中，环境是普遍起作用的”④。这条公理说明了教育存在的一种空间状态，在人的发展进程中，环境不仅作为中介实际存在着，而且在人与环境的我他关系中起着重要作用。这里所说的环境是指一种广义上的环境，包括自然环境、社会环境、人文环境、观念环境等。人与环境是一种互动关系：一方面，人作用于环境；另一方面，环境也作用于人。因此，在教育过程中，要着力营造良好的教育环境，使其更好地促进人的发展。

五、“五 I”思想

“五 I”思想是张楚廷于 2003 年首次提出的一种课程观，指的是信息、兴趣、直觉、质疑、智慧五个方面。之所以命名为“五 I”，一方面是直接的字面意思，由于它们对应的英语单词首字母都是“I”，即 Information，Interest，Intuition，Inquiry，Intelligence；另一方面则是间接的关于这种课程思想所包含的深刻含义，因为他们关注的都是人，“I”即“我”的意思，亦即从人自身出发而演绎出来的关于人的课程。

十多年来，有些研究生以及研究者专门对“五 I”思想做专题研究，有些教师也对“五 I”思想非常感兴趣，不仅从理论上进行研究，而且在实际的教学实践中进行实验，取得了可喜的教学改革成果。张楚廷本人也对“五 I”思想进行了深入的研究与完善，不仅撰写了论文《课程的“五 I”构想》（2003 年）、《人的教育需要人的课程来支撑》（2009 年）、《关于理论课程的若干问题》（2013 年）、《“五 I”课程观再释读》（2013 年）；而且形成了 2 本专著，一本是 2003 年出版的《课程与教学哲学》，对“五 I”课程思想进行了系统阐述，另一本就是《“五 I”教学细说》，对“五 I”思想做了进一步的阐释和解读。

---

① ［捷克］夸美纽斯．大教学论［M］．傅任敢，译．北京：教育科学出版社，1999：1.

② 中共中央马克思恩格斯列宁斯大林著作编译局．马克思恩格斯选集（第 1 卷）［M］．北京：人民出版社，1995：59.

③ 中共中央马克思恩格斯列宁斯大林著作编译局．马克思恩格斯选集（第 1 卷）［M］．北京：人民出版社，1995：47.

④ 张楚廷．教育基本原理——一种基于公理的教育学［M］．长沙：湖南师范大学出版社，2009：19.

张楚廷的“五I”课程思想是在与泰勒原理以及多尔的“三S”“四R”观点比较的基础上提出来的。在张楚廷看来，“结构主义、现代主义、科学主义课程观的共同特点是没有人，见不到人；后结构主义、后现代主义课程观则更看重人在课程中的地位。……后现代课程观是一个进步”①。张楚廷认为，多尔的“三S”，即科学（science）、故事（story）、精神（spirit）②，是能够看见人的，是关于人的课程观，因为“每个科学原理都是人做出来的，都有人的故事，都有人的精神凝结于其中”③。而多尔的“四R”的课程思想，即丰富性（richness）、回归性（recursion）、关联性（relation）、严密性（rigor）④ 则是看不见人的，“主要停留在知识层面上谈论课程，……没有直接关注人及其发展”⑤。

张楚廷的“五I”课程思想则是处处见人，从方方面面去关注人，关注“人的好奇心的保护与发展，人的直觉的培养与训练，人的质疑和批判能力的增强，并最终落到让人成为智慧的人之上”。他特别强调“信息宽于知识，兴趣先于意志，直觉重于逻辑，质疑甚于聆听，智慧高于聪明”⑥。因此，张楚廷的“五I”课程思想并不是孤立地强调一方面而忽略另一方面，而是每个方面都有其相对面，具有十分明显的辩证特征和丰富的哲理内涵。下面逐一介绍张楚廷“五I”思想的具体内容。

1. 信息（Information）

在张楚廷看来，“知识是信息，信息不一定具有知识形态”。意思是说，信息包含知识，但信息不仅仅是知识，还具有“泛知识性、泛结构性、泛文本性”的特点。因此，信息宽于知识，“信息的地位体现了教学的本体性”⑦，课程开发的基本任务之一便是选用、处理、加工信息，给学生提供更为丰富的、更能促进人的发展的信息。

2. 兴趣（Interest）

兴趣是能够引发心理因素起作用的强大动力，所谓“兴趣是学习之母”“兴趣是最好的老师”等都是对兴趣在学习过程中所起作用的一种肯定和期

---

① 彭道林，张楚廷．“五I”课程观再释读［J］．课程·教材·教法，2013（9）：11－16.

② ［美］小威廉姆·E·多尔．后现代课程观［M］．王红宇，译．北京：教育科学出版社，2000：序2.

③ 彭道林，张楚廷．“五I”课程观再释读［J］．课程·教材·教法，2013（9）：11－16.

④ ［美］小威廉姆·E·多尔．后现代课程观［M］．王红宇，译．北京：教育科学出版社，2000：230.

⑤ 彭道林，张楚廷“五I”课程观再释读［J］．课程·教材·教法，2013（9）：11－16.

⑥ 彭道林，张楚廷．“五I”课程观再释读［J］．课程·教材·教法，2013（9）：11－16.

⑦ 张楚廷．课程与教学哲学［M］．北京：人民教育出版社，2003：136－137.

许，兴趣是先于意志的。每一位课程开发者与实施者都希望课程的习得者能够对其所实施的课程感兴趣，而不是味同嚼蜡，光凭意志和毅力去为学习而学习。因此，在课程开发的过程中，关注习得者兴趣的“自身相关性、美学相关性和创造相关性”[①]，不仅是必要的，也是必不可少的。

3. 直觉（Intuition）

直觉是上天赋予人的一种宝贵财富，是激发创造欲望的不竭源泉。直觉与灵感常常相伴相生，具有来得快去得快的特点，对于发现问题和提出问题具有极为重要的意义。因此，在课程开发与实施的过程中，关注习得者直觉的“和谐性、广义性、广延性”[②]，充分发挥习得者直觉的开拓性思维，能够更好地激发他的潜能，推动他的发展。

4. 质疑（Inquiry）

“学问学问，不耻下问”，讲的就是做学问的一般方法。这里，“下问”中的“问”即为发问、询问、质问、反问、探问等意思，可以理解为“质疑”。在课程的开发过程中，我们不仅要让课程的习得者服从与聆听，还要使其在不断的质疑过程中去发现问题、提出问题、分析问题、解决问题。这就需要我们用宽容开放的心态去开发课程，让习得者在轻松愉悦的氛围中学习与成长，在质疑解惑中获得成就感和满足感。

5. 智慧（Intelligence）

信息、兴趣、直觉、质疑可以导致一个人的智慧，却不是智慧本身，智慧高于聪明。优秀的课程就是能够使学生从中获得智慧的课程，使学生变得大智大慧，变得更聪明、更高尚的课程。不仅要能使学生从课程中求真、求善、求美，给学生智性智慧，还要能给学生理性智慧和道德智慧，使其成为一个真正意义上全面发展的人。

小　结

综上所述，张楚廷思的智慧彰显在他对人的深切关注中，详细解读了教育的第一问——“人是什么”，并做出了明确的回答：“人的根本就是人本身，抓住了这个根本就抓住了教育的根本。”[③] 张楚廷的人主义教育思想犹如一盏指路明灯，照亮了教育前行的方向。

张楚廷的人主义教育思想以“人”为出发点，一切教育活动都围绕着

① 张楚廷. 课程与教学哲学［M］. 北京：人民教育出版社，2003：140.

② 张楚廷. 课程与教学哲学［M］. 北京：人民教育出版社，2003：149.

③ 张楚廷. 张楚廷教育文集（第3卷）［M］. 长沙：湖南教育出版社，2007：82.

“人”来展开，关注“人”的身体成长与心理成熟，从身心两方面都给予深切的关注。对人权、人性、人格的尊重与特别强调，是人主义与人本、神本、物本、社本和官本的本质区别。

人主义教育思想遵循着保守与超越两条理论路径，既可以“保护”和“守卫”已有教育思想的精华，又可以对其不断地超越与创新。它有着自己的一些特点、特征与特质。人主义教育思想认为：教育面前人人平等，人人享有公平接受教育的权利，不仅要求起点公平、过程公平，而且教育结果也应是公平的，没有所谓的“一部分人凌驾于另一部分人之上的教育”；教育的根本目的是“人的发展”，使人变得更为聪明、智慧、理性、完美，除此之外没有其他目的；在教学活动的过程中，我们要认清教师主导和学生主体的关系，在教学相长的递进式循环过程中不断求得发展；在教学方法的选择上，人主义教育思想认为“问题”教学法有利于学生的学习与成长，教师在不断引导、指导、教导学生发现问题、提出问题、分析问题、解决问题的过程中，使学生取得进步与提高，促进学生获得自由全面发展。

张楚廷的人主义教育思想彰显出其独特的教育理论智慧，主要以五个教育理论为代表。一是“人的全面发展理论”，认为人的发展就是人的自我发展，是人的个性发展，是人的基本面的发展，是人的自由发展，是人的相对面的发展，人总是由一个个相对的基本面的发展走向全面发展的；二是“素质教育理论”，认为在教育活动中，应特别强调个体知识、经验、事实等外在东西的内化作用与意义，关注素质与素质教育就是关注人的发展，关注人的灵魂就会使人获得新的生命；三是“生命论”，认为高等教育哲学基础是基于人的生命，而不是认识论或政治论，生命论哲学其实也就是人性哲学；四是“教育公理”，包括存在公理、能动公理、反身公理、美学公理和中介公理，它们既相对独立又彼此关联，具有不证自明的公认性特征，是教育学的起点命题；五是“五 I”思想，这是一种全新的课程思想，是一种关于人的课程思想。“五 I”分别是指信息（Information）、兴趣（Interest）、直觉（Intuition）、质疑（Inquiry）和智慧（Intelligence），特别强调“信息宽于知识，兴趣先于意志，直觉重于逻辑，质疑甚于聆听，智慧高于聪明”①。

无论是对已有教育理论发扬光大的“人的全面发展理论”与“素质教育理论”，还是张楚廷先生原创的“生命论”“教育公理”和“五 I 思想”，都是高举人主义大旗，关注人的尊严、自由、个性发展以及人的解放，都是对人的生命的深切关注，对人的发展的永恒追求，为的都是促进人的发展。

---

① 彭道林，张楚廷．“五 I”课程观再释读［J］．课程·教材·教法，2013（9）：11－16.

第三章　教的智慧：人与学

张楚廷认为："大学是大写的'学'字。"① 到学校来求学的人叫"学生"，在学校里从事教学工作的人叫"学者"，学校里流动的空气叫"学风"，学校所蕴含的海量知识称为"学海"，故曰"学海无涯苦作舟"，在学校所习得的一切知识或见识称为"学问"。

在张楚廷看来，学生的主要任务是"求学问"，教师则是在"做学问"。且是学生"求学问"在先，教师"做学问"在后，都是"人"在"学"着，是"学"着的"人"。学生在"求学问"中不断促使教师把学问做得更好，教师在更高水平的学问上引导、指导、教导学生"求学问"。如此循环往复，波浪式前进，渐进式提高。因此，张楚廷在教学过程中，始终坚持的宗旨是"学习是学生的天职""学术是教师的生命""学术是学校的生命，大学的生命"②。

第一节　学生"求学问"：学习是学生的天职

"求学问"中的"求"即"探求""寻求"之意，因此"求学问"即为"探求或寻求知识、见识"的意思。学生是不断发展着、成长着的人，是不断走向全面发展的人。学生到学校求学，主要就是学会为人为学。为人，亦即做人；为学，即为做学问。为人为学皆非生而知之，都必须学而知之，它是一门学问，更是一门艺术。在高等教育大众化、知识经济时代的今天，作为天之骄子的大学生，学好为人为学是天职，不仅是一种责任，更是一种义务。然而，"十年树木，百年树人"，讲的就是人才培养过程的艰辛与时间的漫长。树木的生长，首先得扎稳树根，然后才能枝繁叶茂，开花结果，直至长成参天大树。大学生的成长也是一样，由一个懵懂少年成长为一个成熟自信的栋梁之材，也需要很好地学习如何为人为学，需要经历一个学会生存、生长、生活以及珍爱生命的过程！

依张楚廷来看，大学就是一个大熔炉，不仅更好地塑造大学生的外表，

---

① 张楚廷．张楚廷教育文集（第20卷）［M］．长沙：湖南人民出版社，2012：504.

② 张楚廷．张楚廷教育文集（第4卷）［M］．长沙：湖南教育出版社，2007：201.

更重要的是锻造大学生的心灵！大学全方位地培养大学生的内在气质，修炼大学生的综合素质，提高大学生的意志品质，使大学生具有一双善于发现美的眼睛。大学不仅使他们在知识上变得更富有，在思维上变得更聪明，在为人处世上变得更智慧，在道德情感上变得更高尚，而且使他们的言行举止更加大方得体，更显成熟自信和美丽。在大学的这段时光里，他们深深地懂得了："人只能通过教育而成其为人。"①（康德语）

一、基础：学会生存

大学生初入大学校园，带着好奇，满怀着希望与憧憬，肩负着父母的重托，开启了多姿多彩的大学生活，开始了"把自己培养成为自己"② 的漫漫征程！在这里，后一个"自己"比前一个"自己"更完善、更高大、更聪明、更智慧、更高尚，后一个"自己"是"获得了新的生命的自己"③，因而学会生存成为第一要务，就好比大树的扎根。

人是群居动物，大学是一个微型社会，更犹如一个大家庭。因此，学会交流就显得尤为重要。人与动物最本质的区别在于人类具有"命题语言"，而动物只有"情感语言"。④ 大学生都是有思想、有意识、有情感的莘莘学子，他们具有丰富的命题语言，只有通过交流，才能表情达意，碰撞出思想的火花，"好的语言交流就是心灵对话"⑤。交流与交往相互交织，彼此融通。如果不与人交流和交往，我行我素，独来独往，孤芳自赏，长此以往，就会故步自封，闭关自守，从而变得少言寡语，性情孤僻。反之则会变得活泼开朗，乐观大方，人与人之间充满了亲情与温情，到处洋溢着欢声笑语。可见，良好的人际关系是开启美好大学生活的金钥匙。

"师傅领进门，修行在个人"，如何学会自立也是一个必须面对的生活难题。自立，顾名思义就是自我独立，不但生活上能够自理，而且学习上、工作上、思想上都要能够自立，完全脱离依赖感和依附感。进入大学之前，或许很多事情都是由家长、老师或亲朋好友帮忙解决，那时经常听到的一句话就是"你的主要任务是学习"，因此，有些学生甚至"两耳不闻窗外事，一心只读圣贤书"，除了读书学习之外，所有的事情都不用操心。进入大学之后，

---

① 杨自伍. 教育：让人成为人［M］. 北京：北京大学出版社，2010：4.

② 张楚廷. 张楚廷教育文集（第14卷）［M］. 长沙：湖南人民出版社，2012：57.

③ 张楚廷. 张楚廷教育文集（第1卷）［M］. 长沙：湖南教育出版社，2007：121.

④ ［德］卡西尔. 人论［M］. 李化梅，译. 北京：西苑出版社，2009：37.

⑤ 张楚廷. 语言与人生［J］. 现代大学教育，2013（3）：31-33.

大多数的学生都是背井离乡，远离父母与亲人，如何打理好自己的生活与学习，如何科学、合理地安排好自己的衣食住行，成了大学生首先要解决的现实问题。“三人行，必有我师焉”，不断地向同学、老师学习，很快就会融入大学温暖的大家庭之中。

仅仅如此，还不能说明他们就有很强的大学生存能力了。大学的主要任务仍然是学习，虽然经历了过五关斩六将的高考，但是大学阶段的学习在学习目的、学习内容等方面都与中学有了很大的区别，大学生还得学会学习。

作为一名大学生，理应有自己的学习目标和人生前进的方向。有些学生志存高远，有“为中华之崛起而读书”的理想和抱负，他们一以贯之地刻苦学习，奋发图强；有些学生在进入大学之前的学习目的就是做一名好学生，学好各门功课，考入理想的大学。进入大学之后，学习目的会发生很大的改变，有的是为了一纸文凭，有的是为了光宗耀祖，有的是为了将来能够找到一份理想的工作，还有的目标模糊，得过且过，做一天和尚撞一天钟。

进入大学前后的学习内容也大相径庭，之前的学习内容大多与升学有关，一切为了考试，接受的大多是应试教育。初中有中考，高中有高考，最终的目的都是顺利通过高考，所以，高考这根指挥棒威力无穷。一般来说，学习内容相对固定，学生学习的可选性不大，当然有特殊兴趣爱好者另当别论。但进入大学阶段的学习之后，学习内容广泛得多，虽有一定数量的必修课和选修课，但有大量的自由时间可供自己支配，学生可根据自己的兴趣爱好进行自主学习、自由研发，既可以学习广博的书本知识，也可以参加各种社团活动，在实践中学习与提高。

因此，大学生在入学之初就要有明确的学习目的，明确自己的人生方向，描绘美好的人生蓝图，坚定自己的理想和信念，只有这样才能够不虚度自己的大学时光，有的放矢，坚持不懈，最终到达成功的彼岸。经过大学阶段的学习，形成自己“独立自主的、富有批判精神的思想意识”①，培养自己独特的判断能力，明确自己在人生的各个不同时期、不同情形之下所应该做的事情，促进个体的全面发展。

二、关键：学会生长

在张楚廷心中，大学里所有的一切都与“学”字有关，大学生在大学如饥似渴地“学”，孜孜不倦地“学”，学习着，生长着，成熟着。学知识，学

---

① 联合国教科文组织总部中文科译．教育——财富蕴藏其中［M］．北京：教育科学出版社，1996：85.

文化，这是大学生的首要任务。增长知识，增加才干，用知识来武装自己的头脑，是大学生学习的动力和目标。大学生是“依靠征服知识而获得教育的”①，是自己“所获得的知识的最高主人”②。

在张楚廷看来，学生习得的知识既包括显性知识又包括隐性知识，这里所指的知识与文化在日常口语中是同义语，亦即显性文化和隐性文化。而文化的载体是课程，“课程即学生在学校里习得文化之总和”③，包含显性课程和隐性课程。大多数时候，大学生非常重视通过显性课程来习得知识，殊不知隐性课程对知识的习得意义更为重大和深远。

知识的习得是一门学问，更是一门艺术。既要掌握科学的学习方法，又要改善思维结构，提高认知水平。既要注重普通知识的学习，又要注重专业知识的学习，二者相互渗透，互相融通，缺一不可。既要训练集中注意力，又要训练加强记忆力，更重要的是要训练自己的思维能力，运用演绎法、归纳法训练自己的逻辑思维能力和辩证思维能力。

不同课程的学习方法虽然各不相同，但都需要用脑去面对，用思维去展开，用心去认知。显性课程即排进常规的教学计划表里的课程，其习得途径通常有两大类：第一类是传统的学习模式——老师讲、学生听，诸如讲授法、启发式教学法、讨论法等，无论是哪种学习方式，教师都扮演着重要的角色，学生是在教师的引导下进行学习的；第二类是自主学习，简称自学，对一些感兴趣的课程，学生可以自学成才，自我钻研，自我探究。大学更为看重的就是这种自学能力，大学生不仅对自己感兴趣的课程进行自学，而且对自己不太感兴趣的课程也要有较强的自学能力，要有自己独特的思想，善于与教师进行对话、交流与探讨，勇于提出质疑，甚至敢于进行批判。

张楚廷十分重视学校隐性课程的建设，他认为隐性课程是“隐性文化与受示者个体之间的交流”④，隐性文化有意无意、有形无形地存在于大学校园的每一个角落，弥漫在学校的空气中，只要用心去体会、体验、体感、体察、体悟，它就在你的身边，似乎触手可及，进而触景生情。这种学习过程非常愉悦，对习得者影响深远。比如学校里的英语角，原本只是一块地，但因为赋予了它一个特定的名字，就具有了特殊的意义。只要英语爱好者一走到这个地方，自然而然地就会进入一种英语交流的情境，就会联想到英语中的妙

---

① 联合国教科文组织国际教育发展委员会．学会生存——教育世界的今天和明天［M］．北京：教育科学出版社，1996：200.

② 联合国教科文组织国际教育发展委员会．学会生存——教育世界的今天和明天［M］．北京：教育科学出版社，1996：200.

③ 张楚廷．高等教育学导论［M］．北京：人民教育出版社，2010:：37.

④ 张楚廷．高等教育学导论［M］．北京：人民教育出版社，2010:：37－38.

语美文。因为这是一个展示自我英语水平和能力的平台，尽情享受英语角所带来的愉悦和快乐。再比如学校的雕像群，原本是冷冰冰的塑像，但在学校特定文化氛围的烘托下，映射出不平凡的意义，激励着求学者奋发向上的勇气和决心，陶冶着大学生的情操。

大学生在获得知识积累的同时，道德品质也在不断提高。大学生个体道德品质的形成是“个体自身与环境相互作用下道德规范内化”① 的过程。在这个过程中，大学生通过自身在群体生活和社会交往中的道德实践，逐渐由被动到主动，最终形成道德行为习惯。著名心理学家柯尔伯格（L. Kohlberg）在其著名的道德发展阶段论中曾断言：“教育的基本目的是促进这些阶段的发展。”② 人们常说，榜样的力量是无穷的。大学生有意无意地受到书本、现实生活中榜样的熏陶，潜移默化地提升自己的道德素养。

人总是不断追求进步和完美，大学生更是在不断地学习实现自我，超越自我。“要成为完整的人全在于自身的不懈努力和对自身的不断超越”③，因此，大学里的“每个人要负起超越自身存在的责任”④，实现超越的使命。

三、保障：学会生活

大学生活绚丽多姿，经历了学会生存、学会生长两个阶段，还得学会生活，“学会共同生活，学会与他人一起生活”⑤，学会认识自己，发现他人，学会与人和谐相处，不仅要培养自己的好奇心和批判精神，更要培养团队合作精神，为实现共同目标而努力奋斗。

“金无足赤，人无完人”，每个人都有自己的优点和闪光点，也有缺点和不足，如何做到扬长避短可不是件很容易的事，需要用心去学才行。大学生吃在食堂，住在宿舍，学在教室或图书馆，这些都是公共场所，没有一定的生活常识和技巧，就会遇到许多麻烦和不愉快。

生活习惯的不同常常是困扰大学生的一大难题。吃的问题还好解决，如今的食堂食物品种花样繁多，自助用餐，完全可以满足大众口味与需求。住的问题可能就是一个比较大的考验了，如果没有一颗宽容的心，同室操戈的室友冲突就会在所难免。比如：有的同学喜欢安静，有的同学却喜欢热闹，

---

① 邵瑞珍．教育心理学［M］．上海：上海教育出版社，1997：200.

② 邵瑞珍．教育心理学［M］．上海：上海教育出版社，1997：196.

③［德］雅斯贝尔斯．什么是教育［M］．北京：生活·读书·新知三联书店，1991：1.

④［德］雅斯贝尔斯．什么是教育［M］．北京：生活·读书·新知三联书店，1991：9.

⑤ 联合国教科文组织总部中文科译．教育——财富蕴藏其中［M］．北京：教育科学出版社，1996：82.

常常把音响开得很大声，让人难以忍受；有的同学喜欢早睡早起，有的同学却喜欢晚睡晚起；有的学生怕冷，有的同学怕热；有的学生喜欢关闭门窗，有的学生却喜欢打开门窗通风透气；有的学生特别讲卫生，生活有条不紊，有的学生却邋里邋遢，不拘小节。如此问题，不胜枚举。因此，需要大学生学会灵活应变，学会包容，学会妥协，学会求同存异，学会充分考虑别人的感受。

如果在大学期间能够遇到与自己志同道合、趣味相投的同学，那应该算是人生的一大幸事！通常的情况是兴趣爱好各不相同，有的学生酷爱学习，认为“书中自有黄金屋，书中自有颜如玉”，如饥似渴，夜以继日，如梦如痴；有的学生痴迷于电脑游戏，在虚幻的世界里打发时光，纵横驰骋；有的学生崇尚发明创造，整天捣鼓自己的新思想，新创意；有的学生喜欢吃喝玩乐，有的学生却认为这是不务正业。所以，大学生应该广泛培养自己的兴趣爱好，培养自己的好奇心、同情心、自信心和上进心，“兴趣是学习之母”，向同学学习，向朋友学习。

审美追求亦会因人而异。人都是“按照美的规律来构造”① 自己的，人追求美的需要是人最基本的需要，正如张楚廷著名的教育美学公理所称：“人在以反身为基本方式催动自己发展的时候，最基本的营养剂就是美学要素。”②大学生追求外表的美丽，诸如美丽的穿着打扮，外形亮丽，光鲜夺目；大学生追求学习、生活意境的美妙，讲究诗情画意，讲究浪漫温馨；大学生追求理想的美好，勾勒出一幅幅宏伟的蓝图；大学生还追求友情与爱情的美满，期望能在大学阶段收获纯真的友情与甜蜜的爱情；等等。所有这些都说明，“在人的意识中有天生的美学追求”③。诚如著名哲学家李泽厚先生所言：“美作为感性与理性、形式与内容、真与善、合规律性与合目的性的统一，与人性一样，是人类历史的伟大成果。”④ 因此，大学生要学会欣赏美，创造美，守护美，发展美，让大学生活更加美好，美不胜收！

四、永恒主题：学会珍爱生命

自杀、杀人，这些残酷冷漠的字眼出现在大学校园，常常令人毛骨悚然。

---

① 中共中央马克思恩格斯列宁斯大林著作编译局编译．马克思恩格斯选集（第1卷）［M］．北京：人民出版社，1995：47.

② 张楚廷．教育基本原理——一种基于公理的教育学［M］．长沙：湖南师范大学出版社，2009：16.

③ 张楚廷．教育基本原理——一种基于公理的教育学［M］．长沙：湖南师范大学出版社，2009：17.

④ 李泽厚．美的历程［M］．天津：天津社会科学出版社，2001：350.

本该是风华正茂、天之骄子的大学生为何放弃自己的生命呢？张楚廷常常在思考着这个令人心痛的问题，他非常重视对大学生进行珍爱生命的教育。

探究大学生自杀与杀人的原因，一是缺乏远大的理想和抱负，二是悲观厌世，三是心理脆弱，四是感情纠葛，五是升学、就业、情绪、人际关系、贫富差距等问题给大学生所带来的压力，当他们无力排解这些压力时就会做出一些极端的举动。因此，大学生既要学会珍爱自己的生命，也要学会珍爱他人的生命，毕竟，生命对于每一个人都只有一次，弥足珍贵！

人的生命可以从三个不同的维度来进行考察。一是自然生命，是指人所具有的自然生理属性的肉体生命。二是精神生命，是指人的生命的精神性存在，是生命个体对自我肉体生命的一种情感表达与体验，是一种自我意识与理解。精神生命是自然生命的升华，既与自然生命相关联，又超越自然生命，是真、善、美的有机多元统一。三是社会生命，人生活在社会中，与社会有着千丝万缕的联系，通过个体所扮演的社会角色、所从事的社会事业以及参与的社会文化规则展示出来。个体生命的三个维度构成一个具体而完整的生命，互为前提，互为因果，循环往复，“实现着人与自然、人与自我、人与社会的交换和协调”①。因此，我们就不难理解，为什么“有的人死了，他还活着；有的人活着，他却死了”，这指的就是人的自然生命、精神生命和社会生命这三重生命意义间的关系。

在生命的三个维度中，自然生命是基础，精神生命是灵魂，社会生命是保障。大学生处于人生中生命力最为旺盛的时期，身心日趋成熟，对生命的认知和感悟更为深刻。自然生命属于物质层面的范畴，虽然生老病死属自然规律，无法抗拒，但“生命在于运动”，大学生应该学会更多更科学的强身健体方式，注意养生之道，让生命焕发光彩。精神生命属于意识层面的范畴，人的“意识、精神、智慧是可发展的”，“是可以不断获得新的生命的生命”②，因为人能够“使自己的生命活动本身变成自己意志的和自己意识的对象”③。因此，大学生要勇攀科学高峰，追求科学精神；注重道德伦理规范的养成，崇尚道德精神；善于发现美、创造美，体现美学精神。社会生命既具有自然生命的某些特征，又具有精神生命的某些特征，是二者的有机融合体。大学生要学会从自然生命、精神生命、社会生命三个不同的维度和视角去认识生命、珍爱生命，树立正确的人生观、世界观和价值观，铸造完美人格，

---

① 李强. 大学生命教育的独特品性［J］. 高等教育研究，2008（2）：19.

② 张楚廷. 教育基本原理——一种基于公理的教育学［M］. 长沙：湖南师范大学出版社，2009：11.

③ 中共中央马克思恩格斯列宁斯大林著作编译局编译. 马克思恩格斯选集（第1卷）［M］. 北京：人民出版社，1995：47.

体现大学生的生命意义。

“求学问”，是一个常议常新的永恒话题，大学生学会如何“求学问”则更是一个丰富的哲学命题，是一门永远做不完的功课。唯有坚持不懈地努力学习，才能使自己的生命之花怒放，生命之树常青！

第二节　教师“做学问”：学术是教师的生命

大学的“教学、科研、社会服务”三项职能都与学术活动息息相关，都与人才培养密切相连。中国对于大学的职能有一种更为简洁的表达：“出人才，出成果。”教师的主要任务就是教学，换句话来说就是教育学生，落脚点在学生，在人！教学工作是学校的中心工作，“没有了教学，学校就不存在了”①。因此，离开了教师教学工作的学校是不可想象的。

张楚廷认为，“衡量教师的标准基于学生发展”，“没有培养出最好的学生，就很难说是最好的老师”②。而要成为一名好老师，不仅要求教师本身学识渊博，而且需要与时俱进，不断更新自己的知识库，不断进行学术研究与探索，始终让自己处于学术的前沿，占领学术的制高点。唯其如此，才能够尽可能地回答好学生的各种问题，真正做好“传道、授业、解惑”的工作，继承与发扬文化知识宝库。而这一切都可以称为“做学问”，不仅教学是“做学问”，搞科研是“做学问”，提供社会服务也是“做学问”，“大学是知识发展的主要源泉”③，学术乃教师的生命。

一、载体：教学

在大学，教学工作是伟大而又神圣的，教学是学校的生命线。张楚廷认为：“大学，就人员而言，是学生本位；就活动而言，是学术本位。”④ 由此可见，学生是根本，教学是根，科研是源，教学活动是最基本的学术活动。

（一）教学是一个教师创造性传授知识的过程

大学教师的教学，以传递专门性、高深性的知识为己任，不仅要对前人已知的知识融会贯通，能够举一反三，而且要善于探究未知的知识。探明未

① 张楚廷．高等教育学导论［M］．北京：人民教育出版社，2010：247.
② 张楚廷．教学改革的“人和问”［J］．高校教育管理，2015（2）：8－11.
③ 张楚廷．高等教育学导论［M］．北京：人民教育出版社，2010：180.
④ 张楚廷．高等教育学导论［M］．北京：人民教育出版社，2010：260.

发现的真理是大学教师义不容辞的责任和应尽的义务，因而需要富于创造力、想象力和执行力。

大学教师的教学，除了教师本身的情感、态度、职业素养等之外，绝大多数都是通过语言来跟学生进行交流的，包括口头语言、书面语言、肢体语言等。无论是口头语言、书面语言还是肢体语言等，都要求教师的语言表达能够通俗易懂、言简意赅、深入浅出、条理清楚、逻辑严密、重点突出，因而需要教师对已知的知识进行再加工、深加工。教师不仅要对自己所学过的知识进行认真分析与仔细研究，还要对其进行归纳和总结，形成富于个性化的语言，这就是一个“做学问”的过程，这就是一个学术过程。

与此同时，大学教师还需要在前人研究的基础上探明大量未知的知识，这就需要有一种坚韧不拔的精神意志和勇于攀登科学高峰的决心，大胆提出一些假设与设想，并运用自己已有的知识去求证其可行性、合理性和科学性。这更是一个“做学问”的过程，也是一个理想的学术过程。

张楚廷在其56年的课堂教学生涯中，除了极少量地使用别人出版的教材之外，绝大多数都是他亲自编写的教材，是他还没来得及公开发表的学术研究成果。比如他所任教过或至今仍在任教的“哲学”“高等教育学”“教育学”“管理学”和“心理学”。即便一门课他已经教过很多次，但他从来都不会去“炒现饭”，每次都会“重新写教案，绝不翻阅过去用了的教案，也不去翻教材”①。因为他每教一次，都会因材施教，面对不同的学生，采用不同的教学方法和手段，总是为不同的学生准备一连串的问题，上课就是一个不断地“问”与“答”的过程。在他看来，“教授一级的人，都应当讲自己的东西，别人的最多只作为辅助和参考”②。他不仅长此以往地这样要求自己，同时也这样要求他的教师们。

（二）教学是一个教师与学生心灵神往的过程

大学教师的教学工作，其教学对象是学生，目的是培养学生，为社会培养人才。没有学生的学，就一定没有教师的教，教师的教是与学生的学相辅相成的，是一个事物的两个方面，缺一不可。

虽然可以有学生的自学成才，但那只是学生向教材或其他书本这个无形的教师学习，而不是向有形的教师——人来学习。然而教材或其他书本都是教师这个有形的人写出来的，是教师书面语言的体现，是教师智慧的结晶。因此，无论是有形的教师，还是无形的教师，都在有意无意地与学生进行交

① 张楚廷．教学改革的“人和问”［J］．高校教育管理，2015（2）：8－11.

② 张楚廷．教学改革的“人和问”［J］．高校教育管理，2015（2）：8－11.

流，是心与心的碰撞，是思想火花的迸放，是教学相长，是心灵的神往。

要达到教师与学生的心灵神往，需要教师开展许多的学术研究，需要较长时间地“做学问”，所谓“台上一分钟，台下十年功”。张楚廷认为，在教学实践活动中，“如果没有关注到心灵，那等于一切都还未真正关注到，因为，人就活在心灵上”①。为了开启学生的心灵窗口、打开学生的智慧之门，培养学生的学习兴趣是至关重要的，“兴趣是学习之母”。因而，教师在教学过程中，不仅应与学生在认知方面进行交往，还要在非认知方面进行神往。

张楚廷认为，大学教师不能仅仅把学生看成是一个准求职者或是求知者，如果是这样，那么他们之间的交往就只是一种知识的传递与灌输，是一传一承、一递一接式的交往，教师只是对学生进行一种理性品格的培养。在张楚廷看来，这是远远不够的，还得对学生进行一种更为宝贵的非理性品格的训练和养成，使学生的理性与非理性高度发展，高度统一，形成一种良好的心灵结构，达到完美、理想的大学教育境界。在张楚廷心中，“有了理性，人将为人；没了非理性，人将不人”②。

大学教师的教学不能只是关注学生理性的一面，认为学生的主要任务就是学习、学习、再学习，认识、认识、再认识，还要更加关注学生非理性发展的一面，关注学生非认知心理结构的发展。因为认知因素可以仿造，可以复制，可以学习，可以消化，可以超越，但非认知因素是独一无二的，是绝无仅有的，是凝结在其中的，是融入其灵魂当中的东西，当然是无法仿造和复制的。正如我们可以建造出像哈佛大学、耶鲁大学等世界一流大学一样的建筑物，但永远也无法仿造这些学校所独具的灵魂，那是这些学校的独特“心灵”，是那种蕴含在其中的大学精神，是无可替代的，是教师与学生神往的基石所在。

（三）教学是一个新课程开发的过程

大学教师的教学是通过课程来实施的，教师通过课程这个中介来对学生进行教育。“课程即学生在学校里习得文化之总和”③，包括显性课程与隐性课程。人人生活在校园文化当中，校园文化即为学生所习得的课程来源，因此张楚廷认为，文化是一所大学的灵魂。此处所说的文化是指校园的精神文化与主流文化。校长的理念、教授的精神状态，以及他们对学校主流文化所起的作用，对于一所大学来说都是起决定性作用的因素。

---

① 张楚廷．高等教育哲学［M］．长沙：湖南教育出版社，2004：343.

② 张楚廷．高等教育哲学［M］．长沙：湖南教育出版社，2004：343－344.

③ 张楚廷．高等教育学导论［M］．北京：人民教育出版社，2010：307.

在张楚廷看来，“教授地位决定学校地位”[1]，而教授是教师中的精英群体，由此可以推断出，教师的地位决定学校地位。因为教师不仅肩负着崇高的历史使命，给学生传授专门性与高深性的知识，还肩负着伟大的学术使命，担负着新课程开发的神圣职责。

大学课程应与时俱进，能够跟上时代发展的步伐，体现出时代发展的新潮流、新动向、新趋势，因此要求课程内容适时不断更新，淘汰已过时的旧知识，增加时代发展所需的新知识，把最新、最好、最优质、最先进的知识提供给学生，并且在教学过程中得到最彻底的体现。而大学教师义不容辞、理所当然地成为新课程的开发者与生产者，其“学术品质决定了大学课程的品质”[2]，其学术水平、学术研究及成果都直接决定了他们的课程开发能力。

张楚廷认为：一名教师（尤其是一名教授）在同一个领域发表了10篇左右具有一定水准的学术论文时，就可以以此为基础来开发一门新课程；而如果出版发行了一部具有影响力的学术著作，则开发出新课程的可能性更大。当然，如果这名教师在多个领域都取得了丰硕的科研成果，则极有可能开发出多门新课程。

以张楚廷本人为例，他一边“做学问”，一边开发新课程，其学术研究涉及八大领域，因此他便在不同的研究领域里开设了诸多的新课程。迄今为止，他开设过23门不同的课程。比如：他有哲学著作10本，于是便开设了“教育哲学”“高等教育哲学”“课程与教学哲学”等课程；他出版了8本教育学著作，于是便开设了“教育原理”“课程与教学论”“教学论纲”“教学理论探究”等课程；此外，他还出版了6本数学著作、3本心理学著作、2本管理学著作，于是便开设了许多与之相应的新课程。

另一个在“做学问”的同时开发新课程的经典案例，就是芝加哥大学的著名思想家、学问家列奥·施特劳斯教授，在他任教的19年间，“教授了约八十门课”，“每季度上一门课，一门在周二、四下午3点30分，第二门（如果有的话）则在周一、三同一时间”，“他的课通常要比学校规定的90分钟长得多”[3]。足可见其强大的新课程开发能力以及旺盛的学术生命力，通过这些新课程，他很好地给学生展示了最新的学术思想和研究动态，对学生的健康成长起到了极其重要的促进作用。

---

① 张楚廷. 高等教育学导论［M］. 北京：人民教育出版社，2010：303.

② 张楚廷. 高等教育学导论［M］. 北京：人民教育出版社，2010：304.

③ 刘小枫，陈少明. 古典传统与自由教育［M］. 北京：华夏出版社，2005：57.

二、活水源泉：科研

（一）科研可以有效促进教学

不仅教学可以带动科研，科研也可以有效促进教学，二者相辅相成，互为依存。在张楚廷看来，“科研意味着创造”①，不仅可以创造出新知识，而且能创造出新思想、新理论、新观点、新理念。所以教师要推陈出新，昂首挺立在学术的最前沿。大学教师要想更好地胜任自己的教学工作，就要在自己已有知识水平的基础上不断开展科研工作，把自己的发现与前人已有的发现有机结合起来，引导学生走向学术前沿，向学生传授属于自己的东西，而不仅仅是照本宣科，所以说，“科研是大学教师教学的基础”②。

教学资源是客观存在的，无论你创造或不创造，它都在那里；无论你开发或不开发，它仍然在那里。传授高深学问的大学，理应拥有更为丰富的教学资源，具有无穷的创造和开发新的教学资源的能力，这不仅是一种责任，更是一种义务。这一切都有赖于科研，科研是使大学始终保持旺盛生命力的活水源头，是其活力四射的源泉所在。

通过科研，可以开发出许多新的课程，以适应社会和经济发展的需要；通过科研，可以研究更好的教学方法和手段，选择更适合学生发展的教学内容，达到更好地培养学生的目的；通过科研，可以更好地提高教师本身的综合素养，使其认知水平和非认知水平日益提高，并从言行举止中折射出来，让学生于不经意间受到熏陶和鼓舞。所以这无形之中便提高了教学质量，也提高了人才培养质量。因此，张楚廷认为：“科研是教学的原动力，对提高大学教学质量起多方面的推动作用。”③

然而，在大学教学过程中，还存在着这样一些大学教师：他们知识渊博，满腹经纶，才华横溢，很有学问，学术能力很强，是很好的科研人员，但不善于口头表达，“葫芦里煮饺子，有话说不出”，似乎并不是一位称职的大学教师。但在张楚廷看来，这并不影响其教师的魅力，教师的魅力来源于教师本身的创造力，而创造力是与其知识结构密切相关的。良好的知识结构，有利于直觉与灵感的产生，可以使教师做出更为出色的研究成果。而且，张楚廷认为，科研能力很强的人，往往容易产生新思想、新理论、新观点、新理

① 张楚廷．高等教育学导论［M］．北京：人民教育出版社，2010：255.
② 张楚廷．高等教育学导论［M］．北京：人民教育出版社，2010：255.
③ 张楚廷．高等教育学导论［M］．北京：人民教育出版社，2010：257.

念，更容易产生思想流、意识流和问题流，而这些恰恰是培养高级专门人才所需要的能力和素质。“本科生接受初步的研究训练，硕士生接受基本的研究训练，博士生接受高级的研究训练。”① “真正有学问者，不善言辞亦必善文字，思想的流畅与文笔的流畅是不可分割的。”② 所以，当这种不善言辞却有真才实学的教师所拥有的知识与各种综合能力达到指导博士生水平的时候，就可以去指导博士生了，这也是大学教师展示自己魅力的一个大舞台。尽管学术水平与教学水平并不能直接画等号，但学术水平较高的大学教师，经过自己的不懈努力，是能够进一步提升自身教学水平的。正如张楚廷常说的，会做科研的教师是好教师，会教书的教师肯定是好教师。那么毫无疑问地，既会做科研又会教书的教师则是好上加好的教师，可称为更好的教师，而那些不会做研究的教师是很难成为一名优秀大学教师的。

（二）科研可以创造更多的物质财富和精神财富

科研水平是大学教师学术底蕴的直接体现，大学的科学研究与社会经济、文化、科学技术以及我们的日常生活直接相连，科研成果甚至可以直接进入市场，产生直接的经济效益和社会效益。无论是基础研究、应用研究还是开发研究，也不管是发现式研究还是发明式研究，都能够创造出巨大的物质财富和精神财富。

首先，大学的科学研究可以直接为学校创造巨大的物质财富。不仅可以成为大学办学经费的重要来源，成为学校教学信息资源、教学设施与实验仪器设备以及图书资料的重要资金依靠，还可以不断吸引外来投资，为培养杰出人才、改善学校办学条件、提高教学质量提供强有力的支持和保障。

张楚廷执掌湖南师范大学期间，开辟了一条“财从才来”的发展新道路，对学术水平高的人才给予高度重视。事实证明，这些高端的科研人才为学校创造了巨大的有形经济财富和无形资产财富。以院士刘筠教授为例，他做课题研究所获得的课题经费和专项资助，为学校所形成的实验室固定资产就达好几百万元，如果再加上实验基地，那就是上千万元的产值呢。再以梁宋平博士为例，通过“做学问”、搞科研所获取的科研经费，也大大改善了学校的办学条件，不仅使他所在的实验室资产逾千万元，而且教学仪器设备也大为改观，政府加大了对其所在学科的硬件投入，于是教学科研用房面积增加了5倍，由原来的3 000多平方米扩增到15 000平方米，且建筑品质和档次也日益提高，为之后的教学、科研和学术发展奠定了坚实的基础。

---

① 张楚廷．高等教育学导论［M］．北京：人民教育出版社，2010：181.

② 张楚廷．高等教育哲学［M］．长沙：湖南教育出版社，2004：347.

其次，大学的科学研究可以间接为学校创造巨大的精神财富。大学强有力的学术水平和科研能力，能够为学校赢得良好的学术声誉，产生良好的社会影响力，从而更好地吸引到优质生源，为学校提高教学质量提供可靠的生源保障，有利于形成一种良性循环。上述的刘筠院士和梁宋平博士，由于他们出色的科研能力和学术水平，“在继生物化学与分子生物学和发育生物学之后，又在整个生物学一级学科上获得了培养高级人才的资格”①。于是，湖南师范大学生命科学学院人才济济，形成了一种可持续发展的、良好的学术氛围，更好地促进了学生的全面发展。

三、价值体现：社会服务

大学教师持之以恒地“做学问”，其日益进步的学术水平与学术能力不仅可以有效保证教学、科研工作的可持续发展，能够保证教学、科研工作长时间地处于高端运行态势，而且能够大大增强社会服务的效能与活力，为社会服务提供有力支撑，从而充分体现出教师的社会价值。

社会服务是美国威斯康星大学于 1904 年提出的一种思想，被称为大学的第三项职能。由于这种思想把原本相对抽象、相对宽泛的社会服务概念转变为更易于操作的服务社区的实际行为，因此自提出之日起，就得到了社会的广泛认同。威斯康星大学为社区居民直接开设短期培训班，提供相当丰富的短期培训课程，更具体、更直接、更实在地为社区提供服务。

在为社区提供服务的过程中，教师主要通过教学的方式来进行，理论与实践相结合。将全日制教育与终身教育有机融合起来，将精英教育与大众教育有效融合起来，将学历教育与短期培训巧妙融合起来。因此，对教师的素质要求不是降低了，而是更高了，教师不仅要能够有效传授一些书本理论知识，更为重要的是要因材施教、因地制宜、因人而异，面对不同类型、不同层次、不同年龄、不同性别、不同民族、不同种族等的学生，采取不同的教学方法和教学手段，选择合适、恰当的培训内容。所以，经常性地开展科学研究，不断提高教师自身的学术水平和学术能力，就显得尤为重要和必要。教师不仅要能够创造性地传授理论知识，提高学生的理论水平，而且要根据社会经济发展的需要，开发与之相适应的培训课程，让学生能够学以致用，有效提高学生的实际操作能力和动手能力，创造更大的社会价值。

---

① 张楚廷．张楚廷教育文集（第 4 卷）[M]．长沙：湖南教育出版社，2007：111.

四、有力保障：学术自由

学术自由是众多自由中的一种，有别于政治、经济、文化与社会生活等的自由，是学术领域特别看重的一类自由，指的是“一种特定活动中的自由”①。这种特定的活动即为大学师生所从事的学术活动，尤其是指大学教师所从事的学术活动，包括思想自由、言论自由、研究自由、教学自由、学习自由、选题自由、出版自由等。1789 年法国《人权宣言》中宣称：“人人生而自由，权利平等，享有自由、私有财产、人身不可侵犯和反抗压迫的权利，享有言论、著述和出版等自由。”②

对于学术自由的认识，虽然表述各不相同，但其基本观点趋于一致，“其核心是思想自由与表达自由”③。美国的《大百科全书》明确提出学术自由是教师与学生应该享有的一种权利，认为学术自由是“指教师的教学与学生的学习有不受不合理干扰和限制的权利。包括讲学自由、出版自由和信仰自由”。而英国的《简明不列颠百科全书》对学术自由的指向更加明确具体，明晰了教师与学生在进行学术活动中可以不接受的“限制”与“干扰”；认为学术自由是“教师和学生不受法律、学校各规定的限制或公众的不合理干扰而进行讲课、学习、探求知识及研究的自由”。我国的高晓清教授则认为，学术自由是指“大学师生在进行学术活动时最小限度地受到外来干涉的权利”④。她把学术人员在从事学术活动时不受外来的不合理干扰和制约看成是学术自由的主要标志之一，进一步指出了学术自由对于有效保护学者忠于追求真理、敢于追求真理、勇于追求真理的重要性与必要性。

大学教师开展学术活动“需要两个要件：作为主体的人和作为客体的知识。而人与知识在本质上都是自由的，学术作为主体——人探究客体——知识的活动具有自由本质”⑤。这里所言之“主体——人”是有意识的生命，意识自由是天赋的，“人类的特性恰恰就是自由的有意识的活动”⑥。同时，人又是有思想的生命，思想自由也是天赋的，思想自由是天赋人权。这里所言

---

① 张楚廷．张楚廷教育文集（第 15 卷）［M］．长沙：湖南人民出版社，2012：288.

② 中国大百科全书总编辑委员会．中国大百科全书（第 7 卷）［M］．北京：中国大百科全书出版社，1998：3989.

③ 高晓清．自由，大学理念的回归与重构［D］．上海：华东师范大学教育科学学院，2003：30.

④ 高晓清．自由，大学理念的回归与重构［D］．上海：华东师范大学教育科学学院，2003：34.

⑤ 乔元正．自由与秩序之间——走向共同治理的大学管理研究［D］．长沙：湖南师范大学教育科学学院，2013：39.

⑥ 中共中央马克思恩格斯列宁斯大林著作编译局．马克思恩格斯选集（第 1 卷）［M］．北京：人民出版社，1995：46.

之“客体——知识”是指真理，布鲁贝克认为：“为了保证知识的准确和正确，学者的活动必须只服从真理的标准，而不受任何外界压力，如教会、国家或经济利益的影响。”① 真理是客观存在的，也是自由存在的，真理的自由是天赋的，是不以人的意志为转移的。

大学教师的学术活动就是一种追求真理的活动，在这个过程中，他们可以根据自己的兴趣爱好和研究特长，自由选择自己的研究内容，确定自己的研究领域，寻求适合自己的研究方法，最终得出自己认为在可控范围内的正确结论，而这一切都有赖于学术自由的环境和氛围。

张楚廷认为，思想即自由，自由即创造，即“思想 + 自由 = 创造”②。思想越是自由，创造力越强旺。在张楚廷心中，“自由就是人的生命，自由就是人的同义词”③。学术自由是“大学生存、发展和繁荣的条件”，“学术自由是大学生命”④，学术自由也是大学教师学术生命的有力保障。

在张楚廷执掌湖南师范大学和湖南涉外经济学院期间，他尽其所能地保护大学教师的学术自由，使学校教师“广泛控制学术活动”⑤。学校尽可能地让教师进行自主选择，教师可以根据自己的学术专长、兴趣、领域以及学术研究动态，自主决定所开设的教学科目、教学课程、选修课或者必修课、教学内容、教学方式、教学途径、教学方法、教学手段、教学策略等；教师可以自主决定科研项目、科研时间、科研地点、科研经费的使用、科研方法和措施；当然，教师还能够自主决定是否直接为社会提供服务，以及提供何种服务、何时提供社会服务等。除此之外，教师能够对招生、考试等环节行使自己的学术权利，充分保障教师的学术自由。

小　结

张楚廷“教”的智慧集中体现在“人与学”。在教学过程中，始终把“人”放在第一位，把人的发展看成是教育的出发点和归宿。在他看来，大学就是一个大写的“学”字，是大学“人”对“学”的追求与探索。无论是学生的“求学问”，还是教师的“做学问”，都是“人与学”的交织交融，互为

① [美]约翰·S·布鲁贝克．高等教育哲学［M］．王承绪，等，译．杭州：浙江教育出版社，1987：46.

② 张楚廷．自由论［J］．学园，2011（4）：1－6.

③ 张楚廷．自由是人的同义词［J］．当代教育论坛（综合研究），2011（12）：卷首语．

④ 张楚廷．高等教育学导论［M］．北京：人民教育出版社，2010：182.

⑤ [美]约翰·S·布鲁贝克．高等教育哲学［M］．王承绪，等，译．杭州：浙江教育出版社，1987：31.

依存，共生共荣。

学生在大学“求学问”，学习乃学生的天职，学会为人为学，为把一个不太完美、完善的“自己”培养成为更加聪明、高大、智慧、高尚、完美、完善的“自己”而不懈努力。大学生正处于生命力最为旺盛的人生阶段，与人交流的技巧、人际关系的处理、自强自立、学会学习等都是大学生学会生存的主旨。增长知识，增加才干，改善思维结构，提高道德水平，学习实现自我与超越自我，这是大学生学会成长的关键。养成良好的生活习惯，培养自己独特的审美情趣和志趣爱好，这是大学生学会生活的基石。大学生更要学会珍爱生命，爱己及人，既珍爱自然生命，也珍爱精神生命与社会生命。

教师在“做学问”的过程中，视学术为生命，不仅将其看成是自己个体的生命，更将其视为学校的生命，视为大学的生命，为追求真理、崇尚学术而不辞劳苦、呕心沥血地工作着、奋斗着。体现教师“做学问”的载体是教学，教学是教师创造性传授知识、与学生心灵神往以及开发新课程的过程。教师“做学问”的活水源泉是科研，科研不仅可以有效促进教学，还可以创造更多的物质财富和精神财富。教师“做学问”的价值体现在社会服务，而学术自由是其有力保障。

学生孜孜不倦地求学，教师兢兢业业地教学，教学相长，师生相依，共同描绘出一幅美丽、美好的教育画卷，谱写出一首首悦耳动听的校园新乐章！

第四章　行的智慧：践行人主义

张楚廷不仅是湖湘文化传承与发展的标志性人物之一，而且是我国著名的校长教育家之一。“在目前大学制度尚不完善的背景下，一位好校长无疑就是一所好学校。”[①] 张楚廷独特的教育行动智慧创造了湖南师范大学和湖南涉外经济学院两个传奇。

第一节　一以贯之的人主义教育思想

张楚廷不仅是学问家，更是实干家，不仅是学成的，更是干成的，此乃成就其两大传奇的法宝。张楚廷勤于思考，善于学习，自觉探究办学治校兴校的教育规律之所在，这就是张楚廷一以贯之的人主义教育思想。

人主义教育思想就是对教育现象、教育生活及教育问题等所持有的系统的理论和主张。张楚廷认为，教育要以人为中心，以人的发展为根本立足点，强调尊重人、理解人、赏识人、关爱人，进而促进人的全面发展。“人的根本就是人本身，抓住了这个根本就抓住了教育的根本。”[②] 因此，张楚廷特别关注“人文，人性，人权，自由，平等，博爱”[③] 等，尤其关注人的尊严、人的自由、人的个性发展以及人的解放。在张楚廷的心中，人是高大的，人是神圣的，人是平等的，人是至高无上的，“人是神圣的思想者，人是神奇的缔造者”[④]。因此，张楚廷在办学治校兴校的过程中，无论是教学、科研还是社会服务，一切以人为本，以人为出发点，以人作为教育的最高宗旨。张楚廷实行的就是“生本位”“师本位”，即“人本位”，而不是“官本位”。

一、逻辑起点：学生至上的“生本位”学生观

学生至上是张楚廷“生本位”学生观的核心思想，深刻体现其独树一帜

---

① 刘铁芳，段慧兰．校长何以作为大学事理的体现者——从张楚廷的大学实践看校长人格范式的建构［J］．大学教育科学，2012（5）：27.

② 张楚廷．张楚廷教育文集（第3卷）［M］．长沙：湖南教育出版社，2007：82.

③ 张楚廷．张楚廷教育文集（第14卷）［M］．长沙：湖南人民出版社，2012：654.

④ 张楚廷．张楚廷教育文集（第14卷）［M］．长沙：湖南人民出版社，2012：662.

的人主义教育理念，流淌着对人的尊重与关怀。张楚廷学生至上的“生本位”学生观已然自成体系，嵌入他的言行举止、著书立说之中。张楚廷常说的一句话就是：“师生员工，‘生’字第一。”他还常说：“大学，依人，源于学生；依事，源于学术。因而，依人，应是学生本位；依事，应是学术本位。”张楚廷始终认为：“学生是人，是正在进一步意识到自己是人的人，是在获得新的生命的生命，大学引导他们更像人，成为更清楚地意识到自己的存在和价值的人，成为更富生命力的人，成为高高大大的人，这是大学的一切命题的演绎出发点。”① 因此，“学生是办学的原动力”，学生“是校长心目中的上帝”②，“在教育理论的不同流派、不同观点下，学生的至高无上地位都应当是被认可的”③。

在落实“生本位”学生观方面，张楚廷做了大量细致周密的工作。20 世纪 80 年代的湖南师范大学是经教育部批准建立高水平运动队的 50 多所大学之一，每年都会招收一些高水平的运动员。有一天，一位一米九三的新生给张楚廷校长打来电话，告诉他学校的床太短，睡觉时无法把脚伸直，恳请学校为他解决实际困难。张楚廷没有责怪这位学生的不懂事（对于这种小事，不是去找部门负责人却直接来找校长），而是十分耐心和蔼地询问了这位学生的身高以及所住宿舍房间号等具体情况，并当即答应他一周之后会给他送去一张量身定做的新床。当然，一个礼拜之后，张楚廷兑现了他的承诺。

诸如这类关心体贴学生的事情还有许多。有一天，临近吃中饭时间，突然天降大雨，有一位女生刚从图书馆学习完出来，急着去食堂吃饭。由于雨太大，她不得不滞留在图书馆门口躲雨。正好此时张楚廷拿着雨伞走进图书馆，看着那位女生尴尬的表情，二话没说，就把雨伞给了她。这位女生开始不肯要，但张楚廷说他有办法另外弄到伞，估计那位女生不知道他是校长，也没来得及问他的地址和姓名，就拿着伞兴冲冲地走了。虽然对张楚廷来说，这只是一种关心学生的潜意识行为，但对于这个学生来说，便是一个永久的温暖回忆。张楚廷真正想学生之所想，急学生之所急，让学生体味到学校的温暖与关爱。

在张楚廷心中，关乎学生安危的事无小事，必须当作头等大事抓紧抓好。在他刚担任湖南师范大学副校长的时候，有一位物理系的新生，在天还没有很亮的时候就去晨跑，由于眼睛近视又没戴眼镜，在从宿舍区跑向外马路的路上向右拐时，没有发现那里有一个 1 米多深的坑洞（在这个坑洞周边没有

---

① 张楚廷．张楚廷教育文集（第 4 卷）[M]．长沙：湖南教育出版社，2007：97.

② 张楚廷．张楚廷教育文集（第 5 卷）[M]．长沙：湖南教育出版社，2007：69.

③ 张楚廷．张楚廷教育文集（第 5 卷）[M]．长沙：湖南教育出版社，2007：72.

任何安全警示标志)，这名学生不幸掉入坑洞内。最致命的是，这名学生是头朝下且后脑勺先着地掉下去的，因此顿时身亡了。虽然张楚廷在第一时间赶往学校医院去看望，但已无力回天，那名学生已经再也不能动弹了，永远地离开了他心爱的人世间。这悲惨的一幕，给了张楚廷很大的震动和警醒。从此以后，张楚廷常常在校园内观察，留意那些危及学生安全的一些隐患，尤其是看看有没有坑坑洼洼的地方或坑洞。只要发现有坑坑洼洼的地方，一定会要求工作人员在当天当晚必须填平；只要发现有没加盖的坑洞，一定会要求工作人员在当天当晚必须加盖。实在是没有办法在当天当晚填平或加盖的坑洼地或坑洞，也会要求工作人员安装明显的警示灯。不留安全隐患，让学生在一个安全的环境中生活、学习、成长与发展，在张楚廷看来，"这既有智慧问题，又有情感问题，后者让你常思考，前者让你能思考出好的方略和思路来"①。心底里装的是学生，脑海里想的是学生，学生是一切工作的出发点，唯其如此，学生的安定生活才能得到最根本的保障。

在张楚廷的治校实践中，最愿意去做的事就是满足学生的要求，最愿意听的就是学生的意见，学生在他心目中是至高无上的，永远都是第一位的。有一次，湖南师范大学召开研究生代表大会，时任校长的张楚廷应邀参加，出席这次会议的有主管研究生工作的副校长、研究生处处长、研究生导师代表以及研究生学生代表。首先是主管副校长致辞，他向学生提了四条要求；紧接着是研究生处处长做报告，满满的都是对学生寄予殷切期望，向学生提出了五条要求；再接下来就是导师代表讲话，拳拳之心溢于言表，对学生提出了三条要求。最后，大会强烈要求张楚廷做总结发言，于是他走上前去，没有开场白，而是直接问了学生一个问题："各位对我有什么要求？可以直接陈述，也可以写纸条子提出。"② 于是学生们纷纷提要求，其中之一便是要求改善研究生的住房条件，把学校正在修建的学生宿舍给研究生住。张楚廷非常睿智地回答了学生的这一要求："我建议你们密切关注这栋房子的工程进度，在它交付使用的前一个月，你们去找两位副校长，一位是在座的，另一位是管理基建后勤的副校长。那可能是一个合适的时候。"③ 后来，学生们遵照执行了，当然也如愿以偿地住进了新宿舍。学生们非常高兴，前去感谢张楚廷，但他认为这只是做了他应该做的，应该感谢的人是学生自己。因为他认为，学生的需要是第一需要，学生的合理要求一定要千方百计去满足，这样才能让学生安心学习，快乐成长。张楚廷从不对学生提要求，而只是倾听

---

① 张楚廷. 张楚廷教育文集（第4卷）[M]. 长沙：湖南教育出版社，2007：19－20.

② 张楚廷. 张楚廷教育文集（第4卷）[M]. 长沙：湖南教育出版社，2007：39.

③ 张楚廷. 张楚廷教育文集（第4卷）[M]. 长沙：湖南教育出版社，2007：39.

学生对他有什么要求，搞清楚学生最需要的是什么。他总是认为他的工作就是为学生服务好，学生满意了，他也就满意了。

张楚廷不仅是一位著名的教育家，而且是闻名遐迩的思想家和哲学家，对事物发展的“根”和“底”特别感兴趣。他不仅继承已有教育理论的精髓，而且不断进行理论创新，实现理论上的超越。张楚廷考究了学生至上的“生本位”学生观的起源，史料证明，大学教育首先是学生有求学需求，需要教师的教诲和教育，于是自发组织起来，然后聘请教师，教师多了，就需要遴选一个教师的头来负责管理，这个头就是校长。学生求学“作为一种需求的存在具有原本性，实际上这正是人类本性”①。张楚廷常常以耶鲁大学为例来说明学生至上的“生本位”学生观的重要性与必要性。他说，耶鲁大学是世界排名前十位的好大学，在这所大学里就有一个传统，或者说是他们的办学理念，那就是300多年来他们的校长们在开学典礼上都会说上这么一句话：“你们就是大学。”因此，张楚廷从教育的历史与现实的逻辑来证明，学生地位是最高的，是至高无上的，学生是本，其他是末，学生是大学教育的源头之所在。

基于此，张楚廷认为培养高水平的学生是校长工作的逻辑起点，或是出发点，他把“维护和发展学生作为人的尊严”作为“大学之第一原则”②。张楚廷的“生本位”学生观可以用八个字来概括，那就是“平等、尊重、理解、关爱”③。他认为，一所真正高水平的大学是能够使学生获取更多自由的大学，更高水平的大学是能够使学生看到更多美丽的大学，且水平越高的大学，学生的地位也越高。唯有这样，才能真正做到热爱学生、尊重学生、理解学生、信赖学生、关爱学生，给学生创造一切有利的成长环境，充分发挥学生的学习主体作用，助推学生的茁壮成长，使学生成为更高大、更聪明、更智慧、更和谐、更完善、更高尚的人。

在张楚廷的心中，学生的尊严就是学生的生命，理应受到很好的维护。这不仅是学生最基本的心理需要，也是学生人权和地位的具体体现。有一次，湖南师范大学的一名数学系大二女生，跑去校长办公室找他，“见面时竟是号啕大哭，泣不成声，诉说着简单的语句：‘对学校给我的处分，我很平静，故意让我罚站，我受不了啊！’”④。张楚廷静静地听着这位女生的哭诉，悉心地安抚和劝告她。原来这位女生是因为没有请假就外宿而受到了学校的警告处

---

① 张楚廷．高等教育哲学通论［M］．北京：高等教育出版社，2010：27.

② 张楚廷．张楚廷教育文集（第4卷）［M］．长沙：湖南教育出版社，2007：95.

③ 张楚廷．张楚廷教育文集（第20卷）［M］．长沙：湖南人民出版社，2012：379.

④ 张楚廷．张楚廷教育文集（第4卷）［M］．长沙：湖南教育出版社，2007：40.

分，原本是能够平静接受处分的她，却在第二天的马克思列宁主义课上，被得知这一情况的任课老师无端刁难，故意提了一个这位女生答不上来的问题让她回答，她由于未能答出而被罚站。此事给了张楚廷极大的震撼，事后他在多种场合声称，这个学生虽然由于违纪而受到了学校的处分，但是其人权不应受到损害，尤其是不能侵害她的尊严和人格。所以，这位让她罚站的老师的做法是完全错误的，是违规的。罚站是一种体罚，不仅是对学生身体的伤害，更是对其人格的损毁和侮辱，是不允许的。张楚廷就是这样把对学生的尊重与关爱体现在细微之处，从“小爱”做起，筑起了“大爱”的钢铁长城，把学生至上的“生本位”学生观落到了工作实处。

二、工作出发点和落脚点：以师为本的“师本位”教师观

以师为本的“师本位”教师观，是张楚廷人主义教育思想的重要组成部分，是其治校理念的直接体现，彰显了张楚廷的爱才、惜才、聚才、用才之心。张楚廷认为，在学校的教职员工中，“教师”是第一位的；在学校的一切活动中，“教学”是第一位的。这是学校的立校之基，也是强校之本，凸显出教学质量乃学校的生命线，充分体现出教师、教学的主体地位、中心地位。在张楚廷看来，在大学里，在人、财、物、时之中，关键是人！在人群之中，关键是教师！张楚廷是这么说的，更是这么做的。在张楚廷执掌湖南师范大学的那段岁月里，“教师的地位是明显高于行政人员的”①。在这里，教师是真正有地位的。

张楚廷的“师本位”理论既继承了古今中外著名校长教育家“大师论”的理论精髓，又有其独特的创新。我国清华大学的梅贻琦校长曾提出著名的“大师论”，认为“师资为大学的第一要素”，“一个大学之所以为大学，全在于有没有好的教授”。“所谓大学者，非谓有大楼之谓也，有大师之谓也。”②美国芝加哥大学哈珀校长在其著名的“大师论”中提出教师在大学发展中的作用是“至高无上”的，“大师”是指“教师中的精英，人才中的人才”“杰出的教师是大学的中心”③。因此，在一所大学中，对大学质量起着至关重要作用的一是校长，二是教师。他们都是直接影响大学办学水平，关系到学校是否能够形成良性发展的氛围，实现跨越式发展，进而发生本质变化的根源之所在。张楚廷的“师本位”理论，不仅仅局限于“大师”，而是对所有的

---

① 张楚廷．张楚廷教育文集（第4卷）[M]．长沙：湖南教育出版社，2007：178.

② 刘述礼，黄延复．梅贻琦教育论著选[M]．北京：人民教育出版社，1993：5，10.

③ 王菲．芝加哥大学哈珀校长的大学理念与治校实践研究[D]．沈阳：沈阳师范大学，2011：14.

教师都充满了尊重与爱戴，细心呵护每一位教师的成长，关爱教师的生活与工作。

为了把“师本位”落到实处，张楚廷真可谓是想了千方，施了百计，呕心沥血，鞠躬尽瘁。在张楚廷的心中，“校长的首要任务就是建设起一支高水平的教师队伍”，“学校工作最重要的前提是把师资水平搞上去，把师资队伍建设搞上去”①。这既是学校工作的硬任务，又是学校工作的软任务。故此，学校还专门设立了“师资建设日”——每年的10月28日。因为10月27日是学校的校庆日，这就意味着，学校生日一过，首先要做的头等大事就是抓师资建设。此外，之所以把每年的10月28日定为“师资建设日”，还有一个实际作用。通常情况下，关于来年要在师资建设上实施的一些想法和具体方案，往往需要在头一年的冬天开始付诸行动。不仅刚从学校毕业的学生谋职开始于秋冬季节，而且在职教师萌生单位调动的想法也大多起始于秋冬季节，到第二个秋冬季节就会变成现实了。所以，10月28日这个时间点正值深秋时节，处于一个季节性衔接的节骨眼上，把此时定为“师资建设日”，能够更好地全盘把握师资队伍建设的整体情况，便于更好地调整一些具体的师资队伍政策。

学校出台了一系列优惠教师的政策，从住房分配、职称评定、福利待遇、后勤保障等方方面面给予支持与倾斜，让教师们能够生活安心、放心，工作开心、顺心，做事稳心、舒心，让教师们乐于教学、善于教学、精于教学，激励教师把自己打造成为“大师”。在张楚廷看来，教师即为学校的“才”，是德才兼备的人才，“财从才来”②。因此要千方百计善待人才、挖掘人才、培养人才，只有人才聚集了，学校才能人财两旺、兴旺发达。

在张楚廷担任湖南师范大学校长、书记期间，其一贯执行的基本原则是：“教师优先，优先于干部；教授优先，优先于校长。”③ 这一原则从住房分配、津贴、公务用车、媒体报道宣传以及学校举行的各种仪式等，都能够得到很好的体现。在住房分配方面，学校按照“教师优先，教授优先”这一原则对全校教师进行打分排队，结果书记和校长的住房从来都是位于三等、四等之列，极少数的位列二等住房，而把最好的住房给了广大教师。1984年，学校在二里半修建了三栋教师楼，共计100余套，都是三室一厅的房子，在当时可以算是相当不错的房子了。其中97%都分给了教师，甚至连当时的一些讲师都享受到了这种待遇，而行政干部只有3%的比例。1987年，学校又在景

---

① 张楚廷. 张楚廷教育文集（第5卷）[M]. 长沙：湖南教育出版社，2007：47-48.

② 张楚廷. 张楚廷教育文集（第4卷）[M]. 长沙：湖南教育出版社，2007：111.

③ 张楚廷. 张楚廷教育文集（第4卷）[M]. 长沙：湖南教育出版社，2007：171.

德村修建了五栋房子，既有三室一厅的，也有四室一厅的，共计 100 多套。这次的住房分配把“教师优先，教授优先”的原则贯彻得更为彻底，在职的校级领导中，只有两人住进了新房子，其余 98% 以上的房子都是分给了正、副教授和离退休干部。这样做，虽然有些行政干部心里会有点不平衡，但经过张楚廷给他们解说之后，大多能够谅解和支持，而教师的中心地位得到了明显的体现，教师工作积极性与热情高涨，最终受益的当然是学生，教学质量显著提高了。

在公务用车方面，张楚廷更是把“教师优先，教授优先”的原则贯彻得淋漓尽致。20 世纪 90 年代初，湖南师范大学购置了一台皇冠小轿车，那是湖南师范大学历史上最贵的一辆车，是一位曾在学校任教时间较长的俄罗斯教师回国时，为学校提供的一台免税车。为了多免点税，也为了撑一下学校门面，学校领导几经商议，才最终决定用买两辆便宜车的价格转为购买一辆更贵的车。但张楚廷“提出了一个前提条件：这辆车只供教授和校外来访教授乘坐，校长不坐”①。张楚廷确实做到了，在他的任期内，他只坐过一次，这一次还事出有因。有一次张楚廷外出开会，学校车队只剩下这辆“校长不坐”的皇冠车了，由于会议时间紧迫他才不得不乘坐了一次。不仅张楚廷本人以身作则，率先垂范，他所在的领导集体都是这样做的，坚决贯彻执行“教师优先，教授优先”的原则。张楚廷还叮嘱学校车队队长：“你们为刘筠开车时，请特别注意一下，假如出了事故把我撞没了，第二天就可以另外任命一个校长来。假若刘筠出了事，可不得了，我们学校几十年才出一个院士。”②由此可见张楚廷发自心底地对教师尊重、对人才珍惜。

媒体与大学的关系是密不可分的，你来我往，无论是外面来做采访，还是自己主动地宣传报道，都是通过媒体这个媒介来完成的。张楚廷一直明确主张的报道原则就是：以真实性为前提，报道的重点是教师，主要围绕教师在学科建设、学术发展等方面所做的贡献来进行，实事求是，不能靠耍笔杆子。真真切切地报道教师们所做的实际工作，其实就是对教师工作的肯定和赞许，也是一种学习与推广。当时，湖南师范大学自己办有一张《湖南师大报》，“被人誉为：这真像一张大学的报纸，没有‘官’气的报纸，有大学特色的报纸”③。为何它会得到如此高的赞誉？还是张楚廷的报道原则在起作用，一是不能让“会议”“领导人”霸占宝贵的报纸版面，特别是不能让其霸占头版头条。因此废弃以报道会议、领导人为主的那种模式，尤其是对那种

---

① 张楚廷. 张楚廷教育文集（第 4 卷）[M]. 长沙：湖南教育出版社，2007：172.

② 张楚廷. 张楚廷教育文集（第 4 卷）[M]. 长沙：湖南教育出版社，2007：176.

③ 张楚廷. 张楚廷教育文集（第 4 卷）[M]. 长沙：湖南教育出版社，2007：173.

“未来式”会议的报道更是要坚决杜绝，因为这是一种先说后做的处事方式，是典型的官僚主义。二是坚持以报道教师、学生为主，以教学、科研为中心内容，是对学校中心工作的一种真实反映，因此深受大家的喜爱。

通常情况下，各种仪式的举行都有一个固定模式。比如开会，一般情况是领导干部在主席台上就座，其他的普通百姓都坐在台下。但张楚廷就打破常规，除了教职工代表大会和党员代表大会有明定的主席团成员坐在主席台之外，其他各种会议常常不设主席台，谁讲话谁上台，其余统统都是听众，都坐在台下。再比如开学典礼，由于要跟新生见面，所以主席台上还是得坐上一些人。但是张楚廷的做法也与众不同，台上坐的不全是行政领导，还有教授代表。座位位置也有讲究，通常是校长、书记和教授代表相间而坐，且在向新生做介绍时，首先介绍的是台上就座的教授们，而不是领导干部们。学校的颁证仪式、颁奖仪式也是如此，那些坐（或站）在台上的颁证者、颁奖者，要么全是教授代表，要么就是由教授代表和学校负责人共同颁发。至于摄影、照相之类的活动或仪式，就更加突出教师了，总是让他们坐（或站）在前排，学校领导人站在后排或者是站在两边。所有这一切，为的都是突出教师的重要性，是“师本位”的切实体现，教师在学校的中心地位凸显。

三、摒弃“官本位”，视“官本位”为大学身上的毒瘤

依据前面所分析的大学教育起源得知，大学里的人大致可分为三类：学生、教师和行政人员。这三者之间的关系应是后者为前者服务，即行政人员为教师和学生服务，教师为学生服务，学生地位是最高的，而不是相反。学生是上帝，如果一所学校没有了学生，那就没有了存在的基础和价值。张楚廷始终认为“大学是一个大写的‘学’字”“钱为学所花，时为学所用，物为学所置，人为学者先”。基于此，张楚廷对行政人员提出了“四个服务”的工作原则：“上级为下级服务，机关为院系服务，行政为学术服务，一切为教学服务。”教学是本，其他是末，千万不能本末倒置。此外，张楚廷还向校办工作人员提出了“机关八字作风”。在执掌湖南师范大学期间，张楚廷提出的“机关八字作风”是“平等、礼貌、准确、高效”；在担任湖南涉外经济学院校长时，张楚廷提出的“机关八字作风”是“平等、尊重、敬责、高效”[①]。这两个“机关八字作风”虽然形式上相同，前四个字是讲如何待人，后四个

---

① 张楚廷．张楚廷教育文集（第4卷）[M]．长沙：湖南教育出版社，2007：21－22.

字是讲如何待事，但内容上却略有变化。“尊重”比“礼貌”内涵更丰富，层次更高；“敬责”也比“准确”意义更深刻。

张楚廷认为，思想自由与学术自由是大学最基本的需要，唯有如此才能切实保证大学能够成为知识分子进行高级心智活动的理想场所，因而“大学也不能没有权力”①。大学权力有学术权力与行政权力之分：学术权力“实行事实判断、（科学）真理判断、（科学）水平判断”，其“唯一的准则是学术判断”，对学术进行科学评价；而行政权力既“可以有学术判断”，也“可以有非学术性的价值判断”，因而“所做出的多半是综合性判断”，主要在于“利益的调整”。② 因此，行政权力不应介入学术权力，应充分尊重学术权力的独立性，保障学术权力的充分行使，而不是行政权力凌驾于学术权力之上，使学术权力依附于行政权力。

大学里的各种权力都或多或少地与学术相关联，因此，“对学术的尊重、维护、保障，是行政权力应有的理念、义务和责任”③。然而，在我们现实的教育生活中，行政权力显得更为强势，学术权力则相对成为弱势群体。行政权力常常侵蚀、危害和侵犯学术权力，学术权力本身所应具有的一些高尚品格受到了来自行政权力越来越严峻的挑战。我国大学事实上还存在着“第三种权力”——“官本位”，这一权力是“从大学外部经过多种途径移植”到大学来的，是大学行政权力的极度蔓延所致，“使大学行政权力发生了极其不良的变异”，因此，张楚廷视“官本位”为大学“身上的毒瘤”④。大学行政化的根基和强有力的支柱是大学“官”级化，所谓“校级干部一走廊，处级干部一礼堂，科级干部一操场”。大学领导人本身的官僚化，使得他们更易听命于非学校非学术部门的行政负责人，不再维护学术的尊严，更有甚者，以牺牲学术为代价，出现了所谓的“权学交易”“钱学交易”。因此，张楚廷认为，中国的高等教育要想跻身世界先进行列，就必须铲除大学自身的毒瘤——“官本位”，且越早越好，越快越好，越彻底越好！

于是，在张楚廷执掌湖南师范大学期间，他觉得优先要做的事就是“改造人事处、改造组织部”⑤。20 世纪 80 年代上任伊始，张楚廷就敏锐地觉察到学校人事处存在着较为严重的“官本位”问题，最为突出的是具有门难进、脸难看、事难办的衙门作风。他们掌控着全校教职工的所谓“生死大权”，比

① 张楚廷. 高等教育哲学［M］. 长沙：湖南教育出版社，2004：281.

② 张楚廷. 高等教育哲学［M］. 长沙：湖南教育出版社，2004：277－278.

③ 张楚廷. 高等教育哲学［M］. 长沙：湖南教育出版社，2004：280.

④ 张楚廷. 高等教育哲学［M］. 长沙：湖南教育出版社，2004：286－287.

⑤ 张楚廷. 张楚廷教育文集（第4卷）［M］. 长沙：湖南教育出版社，2007：179.

如人事档案、工资关系、奖惩情况、异动情况等重要资料，使他们在工作中常常高高在上，不把教学工作看成学校的中心工作，也不把教学及其相关的学术部门看得很重要、很有地位，因而不能心甘情愿地去为教学工作服务，偏离了“教学工作是学校的中心工作，教学质量是学校的生命线”这条基本的办学理念。其次，在以往的历次政治运动中，人事部门总是与整人单位配合最为紧密，所形成的不实工作作风根深蒂固，不太容易消除掉那种把人看成对立面的心态。因此，张楚廷决心对人事处进行大胆改革，改造他们的衙门作风。要求他们摆正位置，以教师为工作重心，为全体教职员工做好服务工作，平等相待，善解人意，讲究工作实效，弃恶扬善，为学校的教学、科研改革保驾护航，为学校的师资队伍建设、学科建设、人事制度改革等做出自己应有的贡献，促进学校的兴旺发达。真正把大学办得像大学，而不是其他。

另一个需要大力加以改造的就是组织部。比起人事处来，组织部的权力相对更大，因此“官本位”思想有过之而无不及。尤其是组织部长，权力仅次于党委书记，真正是“一人之下，万人之上”，位高权重。通常情况下，组织部长是由一直从事党政工作的资深职业政工人士担任。张楚廷认为这不利于学校的发展，而应该由年富力强的教授、博士来担任组织部长，亦即由一线教师来出任组织部长一职。这样就会更亲民，能够与广大教师有更多的共同语言，更容易沟通与交流，更能够把握真实情况，更能够直接感受教学、科研的性质，因而就有可能更会组织、更会选择，能够得到教职工的更多的拥护。1996 年，张楚廷选择了当时不到 40 岁的博士、教授、青年语言学家蒋冀骋出任组织部长。事实证明这一改革是成功的，效果是显著的。蒋冀骋的勤奋、善解人意与富有人情味，都对学校的整体工作发挥了良好的作用，极大地促进了学校的发展。

特别令人感到欣慰的是，在张楚廷执掌湖南师范大学期间，教师的地位是明显高于行政人员的，学术权力得到加强，真正形成了教职员工“教”字第一的局面。无论是在学术待遇、物质待遇还是在社会待遇等方面，都得到了明显提高。当时的校学术委员会、学位委员会等学术组织的“一把手”都不是学校的专职行政干部，而是由院士、教授领衔担任的。校学术委员会主席是刘筠院士、校学位委员会主席是姚守拙院士、校出版基金委员会主席是李养成教授，他们三位都在校内没有任何行政职务，都是带“教”字号的教师，是真正意义上的大学本色体现。

当时有两位德高望重的老院长谭受清教授和聂南溪教授，都已年满 63 岁。依据国家退休政策的有关规定，对国家干部的任职年龄有限制，厅局级干部不能超过 60 岁。以此类推，县团（处）级干部年满 60 岁就更不能够再担任实职干部了。按照当时的惯例，学校行政干部都是有级别的，正副校长是正副厅局级，系主任是正处级。依此来看，院长似乎应是介乎两者之间，比校长级别低，比系主任级别高。于是就有人问张楚廷："院长是什么级别?"他的回答令人回味无穷："院长就是院长级别。"尽管如此，上面的领导是不会同意继续留任谭、聂两位老教授担任院长职务的。于是张楚廷决定取消院长、系主任的行政级别。因为在他看来，院长、系主任原本就是教授、副教授，享受的就是高于行政人员的教师待遇。而学校确实也是出于惜才、爱才之心，做到人尽其才、才尽其力。学校取消院长、系主任的行政级别，两位老院长就不会存在干部超龄的问题与尴尬，既不会对他们的工作有任何影响，也不会对他们的工资待遇等方面有任何的妨碍。这仅仅是一种观念上的改变而已，但对学校的整体发展发挥了很好的实际作用。就这样，张楚廷运用自己独特的治校智慧，发自内心地去关爱师生员工，一切从学校的发展大局出发，用自己的实际行动为去除"官本位"做出应有的贡献。

第二节　贯彻落实三个"千方百计"

理论不仅可以指导实践，而且在实践中可以不断得到提高与升华。张楚廷在其人主义理论的指引下，千方百计突出人的主体地位，使学生更有自信，使教师更有尊严，使行政人员工作更加体面，使学校发展更具特色。学校教学质量和教学水平稳步提升，取得了令人瞩目的骄人成绩，而这一切都归功于张楚廷身体力行的三个"千方百计"：千方百计建设一支高水平的师资队伍、千方百计改善办学条件、千方百计建设学校优秀的隐性文化。

一、师资队伍：从根本上关注人的发展

对师资队伍建设的高度重视，并非张楚廷的独门绝技，"师本位"理论也并非张楚廷的首创，但凡古今中外著名的校长教育家无不对这一理论情有独钟，并倾尽全力将其付诸实施。张楚廷的独特之处在于，他能审时度势，具体情况具体分析，并非一味地照搬照抄别人的成功经验，而是根据国情、省情、校情来制定师资队伍建设的整体规划，并一步一个脚印，费尽千辛万苦，最终成功打造了一支名副其实的高水平师资队伍。

1983 年，张楚廷上任湖南师范大学党委书记，当时学校的现状是三个"三等"：三等的牌子、三等的位子、三等的财政。要让这个"三等"学校迅

速崛起，这需要智慧，更需要魄力、胆识和勇气，需要有前瞻性、想象力和创造力，需要大刀阔斧地进行改革。20 世纪 80 年代初，在中国的大学中，师资“断层”是一个普遍现象，据专家预测，填补这个“断层”大约需要 20 年的时间。张楚廷经过认真分析研究发现，“所谓‘断层’主要指骨干教师的‘断层’，特别是教授队伍的‘断层’”①。张楚廷凭借自己明锐的洞察力和判断力，经过调查研究并对如何填补“断层”现象进行缜密计算，首先发现了博士的价值。他认为博士生经过系统的专业研习，知识储备有质量保证，能够较为迅速地解决“断层”问题，于是在全国范围内招聘优秀博士毕业生。张楚廷也因此成了“全国‘炒’博士的第一人”②。20 世纪 80 年代末，全国师范院校中具有博士学位的教师总计 200 多人，北京师范大学就占去了半壁江山。然而不到 7 年的时间，湖南师范大学这个“三等”学校的教师队伍中，具有博士学位的教师竟然奇迹般地超过了 100 名，在全国师范院校中排名第二。要知道，1987 年全国累计培养的博士总计才 1 200 多人，20 世纪 80 年代末，我国经济最为发达的广东省，全省具有博士学位的人员也只有大约 300 人，不能不说湖南师范大学的这一举动是一个壮举。

1993 年 3 月 8 日，《光明日报》在头版头条刊登了一篇题为《何以引得凤凰来——湖南师范大学吸引人才纪实》的文章，专题报道了湖南师范大学师资队伍所发生的翻天覆地的变化。这一报道基于两个背景：一个就是上述大批来自著名大学的博士，另一个就是学校陆陆续续聚集了一大批在当时已有很高学术地位和学术造诣的知名教授。

那么张楚廷是用什么办法在较短时间内，在三个“三等”的条件下招聘、引进如此之多的高端人才呢？据笔者所知，“以事业吸引人，以感情留住人”是张楚廷的一大法宝。张楚廷最真诚地看待教师，特别尊重和关注教师，把教师摆在最优先、最重要的地位。学校牢固树立人才是第一资源的理念，大力推进师资队伍建设，逐渐形成了以师资求发展，以师资促发展的良好格局。学校给高端人才营造了一个良好的学术环境和氛围，将“尊重知识，尊重人才”工作落到了实处，“思想自由，学术自由”成为学校工作的主旋律。在张楚廷看来，要想办成一流的大学，就得从一流的师资队伍建设着手，因为师资是出发点，是源头。只有具备了一流的师资，才会有一流的学术，才能建设好一流的学科，最终培养出一流的学生，为社会培养栋梁之材。

早在 1984 年、1985 年，当我国的人才市场对博士这个群体反应还十分淡漠，大学也没有对他们表示出特别的热情时，张楚廷就背起行囊，先后两次

---

① 张楚廷．张楚廷教育文集（第 4 卷）［M］．长沙：湖南教育出版社，2007：104.

② 张楚廷．张楚廷教育文集（第 4 卷）［M］．长沙：湖南教育出版社，2007：109.

前往北大、北师大的博士群中游荡，物色湖南师范大学所需的优秀博士人才，准备招兵买马。几经周折，从 1986 年起，张楚廷的努力终于陆陆续续得到了回报，先后从我国的一些高水平大学引进了一大批优秀博士毕业生，分别是来自北京大学的生物化学博士梁宋平、北京师范大学的数学博士郭晋云、南开大学的物理学博士匡乐满、中国社会科学院的英语语言文学博士蒋洪新、浙江大学的语言学博士蒋冀骋，以及文学博士罗成琰、法学博士蒋新苗、哲学博士卢风与邓安庆等。这些年轻博士激情澎湃，充满活力，为学不错，为人也很好，很快就成长为各自学科领域的学术骨干和领军人物，并大多成为学院或学校的负责人，极大地改善了学校的学科结构和领导层结构，为湖南师范大学的发展做出了重大贡献。例如：梁宋平很快就成为我国蛋白质化学方面的领军人物之一，是国家有突出贡献的中青年专家，后来先后出任湖南师范大学生命科学学院院长和湖南师范大学副校长；郭晋云成为新中国成立后在数学领域总共十余位洪堡基金获得者之一，后来成长为理学院第一位年轻院长；匡乐满是一位高产的青年物理学家，曾在 1995 年全国的 SCI 个人排名中名列第七，是国家杰出青年课题拥有者之一，后来出任理学院副院长，并成长为学校负责人之一；蒋洪新在 35 岁时就出任外国语学院院长，38 岁时担任学校副校长，2015 年起担任湖南师范大学校长；蒋冀骋成长为语言学的领衔教授，是我国优秀青年语言学家之一，后来担任了文学院院长、湖南师范大学组织部长、学校党委副书记等职务；罗成琰是继蒋冀骋之后的又一位语言学领衔教授，同样担任了文学院院长并成为学校的负责人之一。

这些被外人称为“凤凰”的博士的引进并非是一帆风顺、轻而易举的，每位博士的引进都有一段感人的故事。因为当时的湖南师范大学确实没有什么吸引力，处于“三不”的窘境：牌子不大、位子不好、票子不多。张楚廷及其所率领的领导集体付出了极大的努力，运用他们的真诚与智慧，最终才如愿以偿。

梁宋平是北京大学前校长张龙翔的博士开门弟子，品学兼优，为人厚道，深受导师的喜爱。1985 年梁宋平还在读博期间，张楚廷就做了很多的铺垫工作。先是把他的妻子王崇义（后来成为英语系教授）调进了湖南师范大学，接下来是多次派人赴京直接与梁宋平联系。但事情的进展并不顺利，梁宋平还是选择留在了北大，并且已经去北京大学人事处报到了。但是张楚廷仍不死心，先后两次情真意切地给梁宋平的导师张龙翔校长写信，请求梁宋平加盟到湖南师范大学的阵营当中来。就是这种锲而不舍的决心和恒心以及尊重知识、尊重人才的精神深深感动了张龙翔校长，他曾发出这样的感慨：“怎么会有这样重视人才的地方院校？”① 尽管梁宋平是其培养的第一个优秀蛋白质化学博士，且是其当时正在开展研究的国家级课题的得力干将，但还是决定忍痛割爱，让梁宋平博士来到了湖南师范大学。直至今天，梁宋平博士仍然扎根于湖南师范大学这片热土上，所不同的是现在的梁宋平不仅是学术上的领头人，还担任过湖南师范大学副校长。梁宋平博士比以前更忙了，对学校的贡献也更大了。

张楚廷对教师、对有学问的人的尊重是发自肺腑的，平易近人、平等相待是其一贯的工作作风和处事风格，所以他拥有许多教师朋友，凌宇教授就是其中的一位。凌宇是我国恢复研究生制度后的首批研究生，毕业于北京大学现代文学专业，后来成为我国现代文学研究领域的一面旗帜，担任湖南师范大学文学院院长，以他为核心的中国现代文学成为全国屈指可数的学科之一，足可见他的学术地位和学术影响力。

然而在1998年，一份来自南京师范大学的邀请函，打破了这份原有的宁静和平和。南京师范大学以50万元的安家费和10万元的年薪，盛情邀请凌宇教授去该校任职。这种优厚的待遇在当时是相当具有吸引力的，一般人都会为之动心。再加上凌宇的妻子张瑛出生于上海，毕业于上海的华东师范大学，可以说是一个地地道道的上海人。如果凌宇能调去南京，就离张瑛的家乡上海更近了。当时凌宇教授在湖南师范大学的年薪只有3万多元，更别提安家费了。

鉴于与张楚廷的深厚友谊，凌宇接到邀请函后没有立即去找张楚廷，而是隔了一段时间之后，才到张楚廷办公室，客观地道出了他左右为难的真实想法。一方面，凌宇确实面临一些经济困难，自己还是为南京师范大学所给出的优厚待遇所动心；可另一方面，又割舍不下与张楚廷本人以及学校领导之间的这份情谊，留恋学校所给予的宽松学术氛围和环境。张楚廷得知这一情况后，立即报告了党委会，并最终形成了一个决议，提高凌宇的工资待遇，由原来的年薪3万多元提升至7万元，但是没有安家费一说。然而，就在这次张楚廷约见凌宇并告知实情之后，凌宇留在了湖南师范大学，继续守护着这份事业，守护着这份情感。

在凌宇看来，张楚廷已经尽了他最大的努力去满足一个教师的诉求，不仅仅是物质上的，更重要的是精神层面的。这不仅体现出了学校对他的尊重与高度重视，而且确实是学校领导与他之间的坦诚相待，更为重要的是，这里有一种自由宽松的学术氛围，使他能够在一种更高水平下把物质与精神谐

① 张楚廷．张楚廷教育文集（第4卷）[M]．长沙：湖南教育出版社，2007：121.

调起来，真正过上一种有尊严的体面生活，或许这更是凌宇想要的。

当然，梁宋平博士和凌宇教授的事例只是张楚廷在师资队伍建设中所做努力的两个缩影。大量事实证明了张楚廷对师资队伍建设的高度重视，其英明决策得到了丰厚的回报，更多的优秀教师来到了湖南师范大学，向往湖南师范大学，在各自不同的领域实现着自己的人生价值，为湖南师范大学的学科建设和学术发展贡献自己的力量，也为培养学生和促进学生的成长与发展奉献着自己的青春和热血。

二、改善办学条件：为促进人的发展提供有力保障

大学是进行精神生产的地方，聚集了最智慧的头脑，是思想的发源地，是科技进步的动力站。学校的办学条件是学校文化建设的载体，良好的办学条件有助于教学质量的提高和教学水平的提升。

张楚廷上任之初，湖南师范大学是一所穷学校，财力薄弱。学校占地 974 亩[①]，建筑面积为 26 万平方米，固定资产为 5 000 多万元，电脑不足 100 台，且学校破旧不堪，教学用房、教职工宿舍等基本上都是 20 世纪五六十年代的建筑物，陈旧简陋且很不够用。最关键的是资料信息、教学仪器设备落后，跟不上时代发展的要求，虽然学校图书数量不算小，但是教学科研急需的新资料缺乏，严重制约了学校的发展。但学校经费稀缺，哪来那么多钱呢？如何改善办学条件，成了摆在张楚廷面前必须解决的重点问题，当然也是一个棘手的难点问题。如何破解这个难题，“不仅是对智慧的考验，也是对意志的考验”[②]。

在张楚廷看来，要想改变学校的落后面貌，唯有改革才有出路，学校才会有超常规发展的可能性。当时的湖南师范大学“底子不足，牌子不响，码头不好”[③]，怎么办？“财从才来，钱财将从人才来。”“学校穷，更需要努力聚集人才，只要真正聚集到人才，学校的贫穷面貌就可改变。”[④] 这是张楚廷经过认真分析研究得出的结论。张楚廷是这么想的，也是这么说的，更是这么做的。事实证明，这是改变学校落后办学条件的制胜法宝之一。

以张楚廷为核心的湖南师范大学领导集体制定出台了“硬三条”和“软三条”两个人才引进政策。“硬三条”是指“学校自身的财政开支中，确保

---

① 1 亩≈666.67 平方米。

② 张楚廷. 张楚廷教育文集（第 4 卷）［M］. 长沙：湖南教育出版社，2007：102.

③ 张楚廷. 才从财来，还是财从才来［J］. 当代教育论坛，2004（5）：17－19.

④ 张楚廷. 才从财来，还是财从才来［J］. 当代教育论坛，2004（5）：17－19.

重点人才以及人才聚集的学科建设的重点投入；积极组织课题申报、基金申请之类的活动；充分向政府昭示人才”。“软三条”是指“坚持学科建设的核心地位，坚持学术至上、真理至上的办学理念；确保学术公正，防止一切学术腐败；实行全方位的开放政策”①。于是，一大批具有学术理想、抱负和志向，能够真正体现大学价值的拔尖人才聚集到了湖南师范大学，诸如刘筠、姚守拙等院士，唐凯麟、宁春岩等知名教授，梁宋平、郭晋云等著名大学的优秀博士毕业生，这个出类拔萃的人才群为办学资金来源的多元化打下了坚实的基础。各种投资纷至沓来：有来自省府、省厅的；有来自各种基金会的；有来自著名慈善家的；还有来自消费者的。这些资金直接帮助学校改善了办学条件。截至1995年2月，湖南师范大学的学校土地面积增加到1 512亩，净增500亩；学校建筑面积增加到37万平方米，平均每年增加1万平方米；学校的固定资产增加到1.3亿元，增加160%；学校的电脑增加到近1 000台，增长了10倍。② 这一连串数字的背后，真切地说明了大师、大楼、大爱之间的辩证逻辑关系，而其中大师是第一位的。

在学校所有的建筑物中，图书馆是综合性、适用性最强且与全校师生员工、男女老少、文理工管都打交道的学术建筑物，是知识的海洋、学术的殿堂，是人主义思想得到最佳体现的地方。然而，20世纪80年代的湖南师范大学图书馆始建于1960年，位于校园北端的一个山坡上，建筑面积为6 000平方米，设计藏书量为60万册，读者座位400个。以此为起点，自北向南依次排开的是学校的五栋教学楼：史地楼、生物楼、外教楼、语数楼和理化楼。经过20多年的发展变化，这座记录着学校师生员工成长印记的图书馆已不能满足时代发展的需要了。学校图书馆的藏书已经超过100万册，差不多超出原有设计藏书量的一倍，新书已没有办法再摆进去，于是只好充分利用每一个可以利用的空间：一是减少厕所，用改建的厕所来增加藏书地点；二是在书架与书架之间搭“天桥”，在“天桥”上放书。但尽管如此还是不行，连借阅区也挤占了，只留出了一个非常狭窄的借阅区。由于藏书太多，已经远远超出了图书馆原有设计的承重范围，房屋墙壁上已经出现了明显的裂痕。

张楚廷看在眼里，急在心里，多次向政府呼吁，请求赶紧拨款新建图书馆。经省有关领导实地考察后，同意另建新馆，但仍困难重重，仅就馆址的选择就提出过五套方案：一是建在老馆南端的坡地上，二是建在校办公楼西南侧，三是建在湘江边，四是建在学校的老田径场上，五是建在三舍水泥球场。

① 张楚廷．才从财来，还是财从才来［J］．当代教育论坛，2004（5）：17－19.

② 张楚廷．张楚廷教育文集（第10卷）［M］．长沙：湖南教育出版社，2007：377.

经过数次的讨论磋商与实地考察论证，政府最终采纳了张楚廷提出的第四套方案。张楚廷陈述的理由有三：一是老田径场位置最好，位于未来学校发展规划的中央区，距离适中，方便全校师生员工到图书馆去学习与借阅图书，而且在学校中央区矗立一座图书馆，更有一种庄严、肃穆、安静、祥和的读书氛围，具有一种无形的感召力，是建设新图书馆的理想场所；二是老田径场质量差，不仅场地狭小，不能满足学校师生员工参加体育运动以及锻炼健身的需要，而且设施陈旧，尘土飞扬，跟不上时代发展的步伐；三是废弃老旧的田径场，重新到湘江边上征购土地修建新田径场，可以从根本上改善田径场的面貌，更好地改善学校的办学条件，提高学校的发展水平。

接下来的工作便是千方百计筹集资金了。按照政府所提方案，是给学校新建一个 8 000 平方米的图书馆，加上老图书馆 6 000 平方米，总计 14 000 平方米，基本上能满足学校发展的要求。但张楚廷脑海里所构想的新图书馆并不是这样子的，而是一个完全新建的 15 000 平方米的新馆，老图书馆则改作教学楼，一举两得，可以同时解决已经十分紧张的教学用房问题。虽然都是为学生和老师着想，为学校的发展大计着想，但毕竟此设想涉及资金量较大，可能会遇到较大的阻力。于是张楚廷审时度势，没有立即向政府提出自己的设想，而是在策略与步骤上费了一些苦心，做了一番设计。很明显，要达成张楚廷心中的图书馆目标，完全依靠政府财政拨款，可能资金缺口比较大，还是多方筹集比较稳妥。

就在这个节骨眼上，一个貌似天上掉馅饼的筹资好机会降临了（实则是张楚廷一直都在做着扎实的基础工作）。1988 年过小年的前一天，即腊月二十二，张楚廷得知一个好消息，香港著名实业家邵逸夫先生向内地高校的学术建筑（诸如图书馆、科技楼等）捐赠 1 亿港元。由于之前张楚廷特意邀请过省领导来校察看过不堪重负的老图书馆，看过图书馆墙面上的累累裂痕，看过图书馆里面的藏书“天桥”，更看过由厕所改建的藏书房。这种陈旧拥挤的图书馆景象已经深深地印刻在省领导的脑海中，于是省领导很快明确把湖南省仅有的一个获赠项目给了湖南师范大学。

张楚廷得知这一消息后，立即召集相关人员商议对策，决定抓紧时间赶赴北京，用他们的真诚去争取到较多的捐赠经费。腊月二十六，张楚廷与图书馆馆长及教育厅计财处处长三人乘飞机前往北京，直抵教育部，向有关领导汇报情况。这也是唯一一组在春节前赶往教育部的大学代表，求赠欲望之强烈溢于言表，不仅给教育部留下了极深的印象，也给邵逸夫先生本人留下了深刻的印象。1989 年 1 月 20 日，包括张楚廷在内的 20 所内地大学校长前往香港接受捐赠，在总捐赠的 1 亿港元当中，清华大学和北京大学各占 2 000

万元，其余的18所大学获赠剩余的6 000万元。非常可喜的是，湖南师范大学获得了500万元，占到6 000万元中的1/12。其他的大学分别是300万元、200万元、100万元不等。就这样，在当时邵逸夫先生的资助还被称为“外资”的年代里，湖南师范大学成为湖南省第一所在基本建设方面获得“外资”的大学。有了这笔“外资”做启动资金，就给了学校资金方面许多便利，不仅能够保证配套经费的及时跟进，而且能够保证工期的如期完成了。新图书馆于1989年10月19日正式动工兴建，历时两年，一座总面积16 900平方米，读者座位2 000个的多功能图书馆终于竣工落成，被长沙市视为当时的象征性建筑之一，省领导和邵逸夫先生对这一项目的成功表示由衷的高兴。

这座被张楚廷看作“学校首要的学术建筑”① 的新图书馆，倾注了他大量的心血。从寻求机会修建新馆到资金落实，从图书馆的立项、选址到构图设计、施工，从外形设计到内部构造，从内部隐性文化的建设到外部环境的和谐与协调等，张楚廷都深度介入，真可谓是呕心沥血、竭尽心力，这是他与各有关方面人员充分合作推进的结果。新馆修建前前后后共历时五年多，充分显示了张楚廷对改善学校办学条件的高度重视，对学校学术繁荣的满怀期待，承载着张楚廷对湖南师范大学的深深寄托，也承载着张楚廷对我国教育事业的无限依恋。

三、优秀的隐性文化：有效促进人的全面发展

大学之所以神圣与崇高，是因为它拥有与众不同的校园文化。校园文化有显性文化和隐性文化之分，显性文化是有形的，隐性文化是无形的。学校的隐性文化对师生有着良好的教育作用，既可以通过认知的途径有意习得，也可以通过非认知的途径无意获得，对人产生潜移默化、润物细无声的影响，因而是无价之宝。人们特别容易关注到的是显性文化，特别不容易关注到的是隐性文化。然而，隐性文化看似无形却胜有形，它无时无刻都客观地存在着，既体现在学校的物质文化上，更蕴藏在学校的非物质文化之中。“无论是物质文化还是非物质文化，校园文化的核心是观念、精神、思想。”② 其中观念文化是学校隐性文化的核心，依靠其自身的观念价值与充分自由的环境感受，让人置身其中，情不自禁地进行体验、体悟、体感、体察、体味，对学校师生（尤其是学生）产生深远而又长久的影响，因而更显弥足珍贵。

张楚廷在隐性文化建设方面可谓煞费苦心，匠心独运，倾注了大量心血。

① 张楚廷．张楚廷教育文集（第4卷）［M］．长沙：湖南教育出版社，2007：320.

② 张楚廷．高等教育学导论［M］．北京：人民教育出版社，2010：311－312.

从宏观到微观，高屋建瓴，谋篇布局，最终写就了学校隐性文化这部“无字书”，让进入校园的每一个人都能够尽情地去欣赏它、领略它、阅读它、品味它，畅游在书海的乐趣之中。隐性文化的建设既不是靠喊口号，也不是依赖做报告、发指示，靠的是一点一滴的积累，是脚踏实地干出来的。

（一）观念文化的建设

先进的办学理念引领学校的发展方向，正如前文所述的两个“千方百计”，其彰显出来的理念、文化气息，比如“真理至上”“民族至上”“学术自由”“学习是学生的天职”“学术是学者的生命”等，就像一面面无形的旗帜在学校上空高高飘扬，使得学校崇尚真理、尊崇学术、尊重知识、尊重人才、热爱祖国蔚然成风。

在20世纪80年代，湖南师范大学的学生并不是很自信，那时有一句嘲讽的谐音语，称“师范大学”为“稀饭大学”，所以学生常常不太愿意说出自己是“师范大学”的学生，要么遮遮掩掩，要么含糊其词。为了改变这一现状，张楚廷心想，最为行之有效的办法就是千方百计地让自己的大学变得可爱起来，变得更加美丽、更加强大、更富有吸引力，让自己的学生和教师能够发自心底地热爱自己的大学、赏识自己的大学、留恋自己的大学，充满自信地以在自己的大学为荣，以自己的大学为骄傲和自豪。为了达成这一目标，建设一所自信的大学，张楚廷做了许多扎实细致的工作。一是把全国最好的专家学者请到学校来做报告、做讲座，比如数学家吴文俊、李大潜、王梓坤、杨乐、石钟慈等，物理学家黄祖洽，生物学家邹承鲁，伦理学家罗国杰，哲学家黄楠森，教育学家顾明远等。二是把全国最优秀的文学家、艺术家和体育明星请到学校来，为全校师生员工展示他们的才华与风采，比如著名歌唱家李谷一，著名艺术家王晓棠、秦怡，著名曲艺家牛群、冯巩，世界著名乒乓球运动员丁松、王励勤等。三是让自己学校的教师与世界上最优秀的生物化学家、文学评论家同台做报告，让自己学校的优秀人才脱颖而出，更加得到社会的认可，得到学生和教师的尊敬和欣赏。以上这一系列的举措，为的就是让学生和教师“零距离”接触这些“大师”，感受“大师”的独特魅力和学者风范，让师生亲身体验和感受到自己的大学是被人瞧得起的，从而树立自信。全校师生积极进取，奋发向上，成就了一所“自信的学校”。

（二）隐性文化载体的建设

一是将学校的隐性文化附着于某种精神物质之上，比如学校的校训、校旗、校徽、校歌，虽然它们都是有形之物，其精、气、神所富含的隐性作用却特别强大，焕发出巨大的凝聚力与号召力。校训是全校广大师生共同遵守的基本道德规范与行为准则，既是学校办学理念、治校精神的反映，也是学校隐性文化建设的重要内容之一，集中表现一所学校的学风、教风、校风，是大学文化精神核心内容的体现。张楚廷执掌过两所大学，湖南师范大学的校训是“勤勉严谨、求实创新、献身教育、团结奋进”，湖南涉外经济学院的校训则是“至善至美，自立自强”，彰显出了两所不同大学的办学理念与办学特色。

校旗、校徽则是学校的标志物，往往寓意深远，独一无二。早在1986年、1987年期间，张楚廷就在全校征集湖南师范大学校徽的图案，结过层层筛选，最终苏宇教授设计的图案被选定。校徽一经推出，深受全校师生的欢迎，同时还受到了许多昔日校友的追捧和喜爱。从此以后，湖南师范大学校徽的标志随处可见，不仅被印刻在各种对外器物上，比如公文纸、信封信签、公用器具乃至红楼的餐具上，而且在运动会上，学生行进的方队也抬着一个巨型的校徽模型，让人备感温暖和亲切。

一首词曲优美、旋律悠扬动听、斗志昂扬的校歌，则能够把全校师生紧密地联系在一起。张楚廷认为，湖南师范大学是一个人才辈出、藏龙卧虎之地，理应拥有自己作词作曲的校歌。于是在1986年、1987年，张楚廷就在全校发起征集校歌词曲的活动，全校师生积极踊跃参加。经过再三比较、推敲，最终确定采用兼通汉语言和英语言文学的赵甄陶教授所作的词与音乐系优秀作曲理论教授王青所谱的曲。校歌一经传唱，振奋人心，鼓舞斗志，深受师生的喜爱。此后，张楚廷建议学校每天的晨曲播放两首歌——《歌唱祖国》和校歌，目的是让全校师生在耳濡目染中，热爱自己的祖国，热爱自己的民族，热爱自己的学校，热爱自己的家园。

二是将学校的隐性文化附着于有形的物质之上，比如学校自然景观以及建筑物的建设。在张楚廷看来，绿色是一种大自然的颜色，是生命的象征，是催动人不断向上发展的一种情愫。为了让湖南师范大学的校园成为一种自然的读本、文明的读本，让师生置身其中时更加热爱大自然、亲近大自然，张楚廷曾在20世纪80年代上任伊始，就立下了一个绿色环保的基本目标，在全校范围内，除了水泥路面之外，实现绿色全覆盖，不留任何裸露地面。为了最大限度地利用资源，绿化、美化环境，张楚廷还提出过一个“立体绿化”理念，或称为“四维绿化图”①：贴近地面的第一层种植草皮，稍高一点的第二层种植灌木，再高一点种植中等高度的乔木，最高的第四层种植高大

① 张楚廷．张楚廷教育文集（第4卷）［M］．长沙：湖南教育出版社，2007：78.

乔木。与此同时，张楚廷还主张在校园内种植各种各样品类繁多的鲜花，在他看来，百花争艳、百鸟齐鸣的景象更容易走进学生的心灵。于是张楚廷曾请宣传部的同志专门拍摄过一部《校园百花》的电视片，由文学院教师配词，汉语教研室教师配音，让校园美化成为一种共识，让美丽永驻校园，成为一个花园式校园，让师生浸润在美丽的花海之中，一年四季鲜花盛开、花香四溢，让师生享受美丽、欣赏美好、向往美妙，从而按照美的规律来构造自己。

湖南师范大学图书馆的建设也极具代表性。为了达到图书馆庄严、宁静、深邃的隐性文化效果，张楚廷亲自率领建设团队精心设计，力求凸显图书馆丰富的文化底蕴和内涵。图书馆前方屹立着两块石碑：左前方是一座纪念碑文，撰稿者是湖南师范大学古典文学最有威望的马积高教授，书写者是湖南师范大学著名国画家曾晓浒；右前方则是捐赠者邵逸夫先生的手迹，“逸夫图书馆”几个大字。图书馆正前方矗立的是孔子、屈原、司马迁和祖冲之四位先贤的塑像，塑像碑上分别题写了四位先贤的名言，书写者则是湖南师范大学最著名的四位教授——马积高、刘筠、李盛华和尹世杰，他们的名字也留存在塑像碑上，象征着中华民族源远流长和湖南师范大学辉煌灿烂的文化。馆内大厅建有当时长沙室内第一浮雕——《长河》，这是一幅 60 平方米的巨型浮雕，是一部无声的文本，由老子、孔子、屈原、司马迁等中国几千年来著名的哲学家、思想家、教育家、文学家、史学家和科学家们栩栩如生的形象构成，象征着中华民族辉煌灿烂的文化史，闪烁着独特的光芒。馆内第三、四、五层建有将近 500 米的书画长廊，顶层建有当时湖南高校第一古籍室，“那里珍藏着 20 余万册线装书，其中 2 万余册珍稀孤本”①，足可见张楚廷对“三古”（中国古代史、中国哲学史、中国古代文学）学科建设的重视。屋顶建有近 5 亩的屋顶花园，四周则是 10 余亩的大草坪。在当时，这座图书馆汇聚了六个“第一”：长沙市第一草坪、第一浮雕、第一书画长廊、第一屋顶花园，湖南省高校第一古籍室、面积第一大图书馆②。所有这一切都象征着湖南师范大学精神，吸引着、感召着广大师生进入这座知识的圣殿，遨游在书山学海之中。

小　结

张楚廷的人主义教育思想与其践行的教育实践相辅相成、相得益彰，关注着每一个个体的成长与发展，彰显了人的本性，体现了人的价值，充分发

---

① 张楚廷．张楚廷教育文集（第 4 卷）［M］．长沙：湖南教育出版社，2007：317.

② 张楚廷．张楚廷教育文集（第 4 卷）［M］．长沙：湖南教育出版社，2007：317.

挥了人的主观能动性，最大限度地调动了人的主动性、积极性和创造性。张楚廷常说："人在我心中，故我在人中。"在张楚廷的心中，"'自信的学校'+'诚实的学校'='成功的学校'"[①] 就是他不懈追求的理想与目标，由他执掌过的两所大学的成功事实，强有力地证明他确实做到了这一切。

确实，人是要有一种精神的。张楚廷就是这样一位有思想、有行动、有理论、有实践的校长教育家，他的人主义教育思想焕发着睿智的光芒，照射着我国高等教育前行的方向。

在长达 30 多年的教育实践活动中，张楚廷一以贯之地践行人主义教育思想。以学生至上的"生本位"学生观作为其教育思想的逻辑起点，以师为本的"师本位"教师观作为其工作的出发点和落脚点，坚决摒弃"官本位"，把"官本位"看作大学身上的毒瘤。

在教育实践活动中，大胆进行改革，坚定不移地贯彻执行三个"千方百计"：千方百计建设一支高水平的师资队伍，以其独特的眼光率先大量招聘博士、引进知名教授，从根本上关注人的发展；千方百计改善办学条件，开辟了一条"财从才来"的学校发展新道路，为促进人的发展提供有力保障；千方百计建设好学校的隐性文化，寓教于无声的隐性文化中，加强观念文化建设，注重建设隐性文化载体，营造良好氛围，不断提高教学质量，有效促进人的全面发展。

通过这一系列的英明举措，张楚廷不仅实现了学校的跨越式发展，而且形成了良好的校园文化氛围，为学校积累了宝贵的精神财富，为学校的长期健康发展打下了坚实的基础，为我国的人才培养做出了杰出的贡献。

---

① 张楚廷．校长靠什么进行管理［J］．高等师范教育研究，1999（1）：49－54.

第五章　管的智慧：神管形不管

张楚廷在1982—2000年执掌湖南师范大学期间，率领全校广大师生员工众志成城，凝心聚力，一举将湖南师范大学这所普通省属师范院校带入国家"211工程"重点大学的行列；紧随其后的是2001—2009年执掌湖南涉外经济学院，真抓实干，内抓质量，外树形象，成功地将这所创建于1997年的民办大学带入位居全国前列的知名民办高校。在做校长的同时，张楚廷在绝大多数年份里都立足在教学第一线，扎根在讲坛上，先后"开设过十多门课程，也在此期间写出了数百篇论文、数十部著作，指导过博士生、硕士生数十人"①。

究其成功的秘诀，答案其实很简单，因为他"有一颗做教育家的心"②！张楚廷对教育满怀深情，不断进行深入研究，认真钻研教育理论与实践，依靠先进的教育观念、良好的学校管理策略、全校师生和谐统一的奋斗目标、高尚的人格、丰富的想象力和预测力、伟大的感召力与亲和力，从群众中来，到群众中去，形成了别具特色的"神管形不管"学校管理思想。这种思想集中体现在目标管理、民主管理与法规管理的"三大管理"原则中，即"运用目标进行管理，按照民主的原则进行管理，应用法规的手段进行管理"③。

第一节　基本理论依据：人是可生长的，人是可发展的

大学是一个从事脑力劳动、生产精神产品的地方，会集了各种精英人才，会聚了最为智慧的头脑。"最需要管理的是人，最不需要管理的也是人。"学校管理的"主要任务就是要弄清楚什么事该管，什么事不该管；什么事要管，什么事不要管。事实证明，不该管、不要管的事情管了，只会导致越管越死，越管越没有生气，越管越没有活力，越管越没有创造力"④。因此，学校管理不仅是一门科学，更是一门艺术，核心思想是要以人为本，尊重人、赏识人、

① 张楚廷．论校长职业与职业校长［J］．云梦学刊，2013（1）：29－31.

② 宋德发．大学校长应向张楚廷学什么？［DB/OL］．http：//jinriweixin.com/feed/86718564.

③ 张楚廷．张楚廷教育文集（第5卷）［M］．长沙：湖南教育出版社，2007：247.

④ 蒋己兰．浅谈人本与大学内部治理［J］．中国校外教育，2012，（9）：1－10.

关注人，人是至高无上的，人是一切管理的出发点。既要管理得法，又要引导得当，做到“神管形不管”，有效促进学校又好又快地发展，其基本理论依据是：人是可生长的，人是可发展的。

一、人是可生长的

众所周知，马克思的社会理想，“其核心就在人的发展，人的个性，人的自由，人的尊严，人的解放，人的幸福，人不再被异化”①。因此，在张楚廷看来，“人区别于其他一切动物的根本之所在是：人可以在自己的生命活动中获得新的生命”②，这种新的生命主要通过教育活动来获得，因为“教育是（人的）生命的表现……高等教育是（人的）生命的最强旺的表现”③。张楚廷通过大量研究发现，“大学是人的产物，是人的需要的产物，是人的需要向上发展的产物”④。因此，“人需要教育，教育需要人，这是教育管理中最重要的观念”⑤。

《三字经》里有句千古名言：“人之初，性本善，性相近，习相远。苟不教，性乃迁，教之道，贵以专。”这句话道出了人性的真谛，说明教育对后天成长环境的重要性。从人性发展的经验可以看出，人生来就是追求真、善、美的，只是因为每个人所处的生存环境不同，所接受教育的目的、内容、手段、方法各不相同，导致每个人完全不同的人生发展轨迹。

张楚廷的“神管形不管”学校管理思想的逻辑起点正是在于他对“人本性的感悟和思考”，基于他对“人的价值判断”，对“人走向善良和理智的信赖”⑥。作为具有社会性的人，特别容易受到教育和生存环境的影响，正所谓“近朱者赤，近墨者黑”。在张楚廷的心目中，“人是最重要的管理对象（人又是管理者），管理观念、管理思想，主要取决于对人的看法”⑦。所以，张楚廷认为，“人是可以发展的”⑧，或者说人力是“可开发的”。学校管理的“出发点是人力的可开发性”，学校管理的“目标是使管理者、被管理者都获得发展”⑨。在大学里，人不断发展着自身，而人自身的发展具有无限的可能

① 张楚廷．高等教育哲学［M］．长沙：湖南教育出版社，2004：29.
② 张楚廷．高等教育哲学［M］．长沙：湖南教育出版社，2004：31.
③ 张楚廷．高等教育哲学［M］．长沙：湖南教育出版社，2004：27.
④ 张楚廷．高等教育学导论［M］．北京：人民教育出版社，2010：14.
⑤ 张楚廷．张楚廷教育文集（第11卷）［M］．长沙：湖南人民出版社，2012：11.
⑥ 张楚廷．张楚廷教育文集（第4卷）［M］．长沙：湖南教育出版社，2007：395.
⑦ 张楚廷．张楚廷教育文集（第11卷）［M］．长沙：湖南人民出版社，2012：11.
⑧ 张楚廷．张楚廷教育文集（第11卷）［M］．长沙：湖南人民出版社，2012：11.
⑨ 张楚廷．张楚廷教育文集（第11卷）［M］．长沙：湖南人民出版社，2012：14.

性。良好的学校管理有利于形成奋发向上、催人奋进的氛围，有利于传递正能量，从而更加有利于人的发展。

二、人是可发展的

学校管理与人的心理活动息息相关。张楚廷认为，人不仅有生理上的发展，而且有心理上的发展，生理的发展与心理的发展相互影响、相互作用。人类的心理活动包括知、情、意三种基本形式，受到认知因素和非认知因素的综合影响。认知因素一般是指“认知活动或认知过程，包括信念和信念体系、思维和想象”①。认知发展理论（Cognitive-developmental Theory）的创始人让·皮亚杰（Jean Piaget）指出，“认知发展是指个体自出生后在适应环境的活动中，对事务的认知及面对问题情境时的思维方式与能力表现，随年龄增长而改变的历程”②。非认知因素又称为非智力因素，是指“人们在进行各种活动时除智能因素以外的但对智能的发挥或发展有影响的心理因素”。其主要内容包括“动机、兴趣、情感、意志、性格等，具体来说它由以下一些心理因素所组成：成就动机、求知欲望、学习热情、自信心、自尊心、好胜心、责任感、义务感、荣誉感、自制性、坚持性，独立性等”③。由此可见，人的心理活动具有无限的可塑性和可开发性。无论是人的哪种心理影响因素，或者是何种心理活动形式，都与教育方法和管理策略息息相关。

因此，在张楚廷看来，“教育是一个特殊的心理发展过程”，“是学生特殊的认识、感受、体验的综合过程，而不只是认识过程”④。诚如蒙田所言：“人类的最大任务就是学会成为自己的主人。”⑤ 亚里士多德也认为：“人生来就充满了求知欲。”⑥ 所以，人总是不断地在成长中学习，在学习中成长。因此，优良的学校管理就是要播撒人性本善的种子，传承优良的文化传统，最大限度地激发人的发展潜能，有效促进人的发展，把“人的发展”作为学校管理的出发点和归宿点。

---

① http：//zhidao. baidu. com/question/216340126. html.

② http：//baike. baidu. com/view/1170608. htm.

③ http：//baike. baidu. com/view/3507737. htm.

④ 张楚廷．张楚廷教育文集（第11卷）［M］．长沙：湖南人民出版社，2012：15.

⑤ ［德］卡西尔．人论［M］．李化梅，译．北京：西苑出版社，2009：4.

⑥ ［德］卡西尔．人论［M］．李化梅，译．北京：西苑出版社，2009：5.

第二节　集中体现："三大管理"原则

张楚廷最看重的是人，最关注的是人的发展，其治校理念就是："教育本质上是一个个性化过程，使每个人都像他自己"①，意即教育能够使人把"自己"培养成为"自己"，只是后一个"自己"比前一个"自己"更聪明、更高大、更高尚、更智慧、更完善、更完美，这与哈佛大学校长所言之理念"让我的学生每个人都成为他想成为的人"② 确有异曲同工之妙。张楚廷常常沿用马克思所说的一句话就是："'人'的根本就是人，'人'就是人的最高本质。"他认为人是学校管理的根本之所在，学校所实行的应是"生本位""师本位"，而不是"官本位"，并尖锐地指出"官本位"是大学身上的毒瘤。学校管理应以优秀的理念引领学校，以良好的机制治理学校，达到"神管形不管"的目的。

一、核心载体：目标管理

学校是一个从事心智劳动的地方，具有五个基本特性："精神的，非物质的；生产的，非纯消费的"③"学术的，非政治的；高深的，非一般的"④"产品的自生产性"⑤"机构的自组织性"⑥"无限的开放性"⑦。这是学校与其他企事业单位的主要不同点。而学校的办学理念、治校方略、人才培养目标等大都附着于学校的管理目标之上，因此实行目标管理，抓住核心问题，即所谓的"大事"，巧设奋斗目标，在学校管理中显得尤为必要，具有极其重要的现实意义。

张楚廷认为，目标管理就是"将目标作为一种手段去进行管理，运用目标去进行管理"⑧，而并非人们从字面上所理解的"为达到一定目标而实行的管理"，前提条件是"学校管理者随时提出明确的目标，向师生阐明目标的内容和意义，并通过一定的办法和步骤形成目标体系，使全校各方面人员在此

① 张楚廷．张楚廷教育文集（第20卷）［M］．长沙：湖南人民出版社，2012：248.
② 张楚廷．张楚廷教育文集（第20卷）［M］．长沙：湖南人民出版社，2012：248.
③ 张楚廷．高等教育学导论［M］．北京：人民教育出版社，2010：133.
④ 张楚廷．高等教育学导论［M］．北京：人民教育出版社，2010：134.
⑤ 张楚廷．高等教育学导论［M］．北京：人民教育出版社，2010：137.
⑥ 张楚廷．高等教育学导论［M］．北京：人民教育出版社，2010：138.
⑦ 张楚廷．高等教育学导论［M］．北京：人民教育出版社，2010：140.
⑧ 张楚廷．张楚廷教育文集（第5卷）［M］．长沙：湖南教育出版社，2007：230.

目标体系下行动起来”①。依照张楚廷的观点，学校的目标管理“就是给单位或者个人在一定时期内规定一个要达到的目标，使其从所追求的目标中获得前进的动力，它注重完成任务的结果胜于完成任务的过程”②。具体来说，它包含以下三层主要意思：①对学校来说要有明确的发展目标；②对管理者来说要有明确的工作目标；③对学生来说要有明确的培养目标。各司其职，各尽所能，各尽其责，把学校的思想、理念凝结在日常观念之上，寓于目标管理之中，蕴含在言行举止当中。学校管理者通过对学校带有全局性、根本性、深层性、前瞻性问题的深谋远虑，经过认真分析、研究论证，最终达成一致共识，形成具有整体性、科学性、先进性、可行性、激励性、稳定性、适时性、可调性和层次性的目标。管理者主要通过目标的导向作用，使得被管理者知晓自己所要达成目标的最终结果，并不干涉被管理者的目标具体完成过程，由其自主决定应该做什么、怎样去完成。因此，管理者和被管理者都处于相对主动、平等的地位，更容易形成一种“心往一处想，劲往一处使”的工作态势，有利于更好地同时激发管理者和被管理者的主动性、积极性、创造性和灵活性，更加有利于整体目标的实现。

目标管理是一种主动的、内在的管理，管理者和被管理者都参与目标的实现过程，与随机管理、压迫管理、行为管理等被动的、外在的管理有着明显的区别。随机管理是一种随机展开的管理行为，管理者处于一种被动地位，具有盲目性和不确定性，因此是一种应尽量摈弃和避免的学校管理。压迫管理是基于矛盾和问题的一种管理，管理者也是处于一种被动地位，哪里有矛盾和问题就指向哪里，没有全局观念，没有整体思想，“头痛医头，脚痛医脚”。行为管理意即对具体的行为进行指挥和管理，优点在于管理者比较容易处于一种主动地位，易于操作，具体好办，有时也会受到被管理者的欢迎，缺点在于被管理者容易处于被动地位，不利于尽情发挥“主人翁”意识和创造热情。因此，在学校管理实践中，应在汲取行为管理优点的基础上，尽可能地发展到目标管理。

张楚廷学校管理思想的宗旨是“人本位”，突出人的主体地位，让每一个人都得到良好发展。因此，学校目标管理所倡导的就是要让学生更有自信，让教师更有尊严，让行政人员工作更加体面，使学校发展更具特色。张楚廷在学校目标管理实践中，提出了“师生员工，‘生’字第一；教职员工，‘教’字第一；一切活动，教学第一；教学之中，启发自由思想第一”的办学理念。不仅突出了“生本位”“师本位”，而且特别强调了“以教学为中心”

---

① 张楚廷．张楚廷教育文集（第11卷）［M］．长沙：湖南人民出版社，2012：26.

② 张楚廷．张楚廷教育文集（第10卷）［M］．长沙：湖南教育出版社，2007：55－56.

“教学质量是学校的生命线”“学术自由，自由学术”的观点。这些观念体系就如同校园里的空气一样，浸润到全校广大师生员工的心田里，附着在学校的一草一木之上，体现在具体的行动当中。“人本位”思想深入人心，自觉融入各自的学习、工作和生活之中。尊师重教、勤勉顽强、崇尚学术、奋发向上在学校蔚然成风。勤学苦练的学风、扎实敬业的教风、风清正气的校风，就像一面面红旗飘荡在校园上空，指引着全校师生奋勇前行的方向。尽管没有对全校师生员工发指示、下命令，告诉他们该做什么、不该做什么，但在正确观念体系的引领下，广大师生员工发自内心、自觉自愿地努力学习与工作着，愉悦地生活着。

一个经典案例就是张楚廷在主政湖南师范大学的上任之初，提出学校工作目标是两个“千方百计”：“千方百计建设一支高水平的师资队伍，千方百计改善办学条件。”① 由此可以清晰地看出，张楚廷所实施的目标管理特别注重齐头并进地抓好两个方面的建设：人和物。人的方面是建设师资队伍，而且特别强调是建设高水平的师资队伍，注重“名师出高徒”效应。通过“外引内培”等多种途径，诸如在全国范围内招聘优秀博士毕业生和引进知名教授，在较短时间内迅速为湖南师范大学的教学与科研注入强大的新鲜血液，较快地提高了人才培养质量，享誉全国；物的方面则是想方设法改善办学条件，审时度势，根据国情、省情、校情，开辟了一条“财从才来”的学校发展新道路，意即财富来自人才。从教学楼、图书馆、体育馆、宿舍楼等建筑物的建设，到教学仪器、实验设备、图书、信息资料等的添置，日新月异，突飞猛进，学校实现跨越式发展。这样，全校师生员工深受鼓舞，斗志昂扬，心中有目标，前进有方向，人人相信通过自己的勤奋努力，明天会更加灿烂辉煌，生活会更加和谐美好！

张楚廷在执掌湖南师范大学期间，在“千方百计建设一支高水平的师资队伍”方面提出了许多个性化的目标，既有硬性目标，也有软性目标，通过这些目标来向全校师生员工展示整个学校发展的理想、追求与向往，软硬兼施，相辅相成。硬性目标主要包括人才目标、学术目标和学科发展目标。人才目标主要体现在张楚廷所提出的一个目标链，它由许多的子目标组成，一个一个的子目标互相衔接，前一个子目标的实现为下一个子目标打基础、做准备，这样环环相扣，步步相连，最终实现更大的目标。比如在20世纪80年代末，张楚廷向学校提出在8年内引进博士100名，经过多方努力，不到7年时间，湖南师范大学的教师中具有博士学位的人数就已超过100人；接下

① 张楚廷. 张楚廷教育文集（第4卷）[M]. 长沙：湖南教育出版社，2007：100.

来又提出了教师队伍的学历构成，要求具有研究生学历的人数达到 80% 以上，其中博士学位占 30% 以上，这个目标也如期实现了；再接下来又提出，“在每个二级学科上由 3 ~ 5 名学术骨干组成的教授团队，其中一名应在此领域具有全国性学术影响”“必须有自己的院士，文科要出大师级人物”等。在学术目标上，张楚廷提出了“文科进入全国前 30 名，理科进入全国前 50 名”；在学科建设上，张楚廷提出“建成 40 个以上在全省名列首席的学科，10 ~ 15 个在全国名列前茅的学科建设目标，建成 80 个以上专业的目标”①，等等。在提出这一系列硬性目标的同时，张楚廷还提出了与之相适应的软性目标，诸如尽力为教师创造良好的生活条件，形成优良的学术环境与平等自由的工作空间，充分发挥团队合作精神，等等。既提出了短期容易实现的学季性目标、学期性目标、学年性目标，也提出了通过较长时间的努力后才能实现的阶段性和长期性目标，这样既保持了目标的稳定性，也让师生有了明确的努力方向，意志坚定地朝着既定目标奋勇前进。

在“千方百计改善办学条件”方面，张楚廷提出了教学现代化、科研现代化的办学目标，同样提出了许多个性化目标，并且也是一步一个脚印付诸实施的。20 世纪 80 年代初张楚廷刚上任时，湖南师范大学的校园面积为 900 多亩，经过 10 多年的艰苦努力，通过征购和开发，到 90 年代中期，已经增加到了 1 700 多亩，主要扩展的校园面积在校本部，由原来的 700 亩扩大到 1 500多亩，增加了一倍多。此间他克服了重重困难，诸如资金困难、居民拆迁困难，上项目困难、上大项目更困难等。但为了学校的发展，为了学科的发展，为了改善师生工作与生活条件，为了获取更多的教育资源，为了获得大学学术发展的更大空间，张楚廷提出了一系列的学校建设目标。从立项、筹资、设计、施工到装修以及投入使用，都是一个个子目标的有序衔接。

在湖南师范大学张楚廷 18 年校长、书记的任期内，先后修建的直接用于教学、科研和学术活动的建筑物就多达 12 座，按照兴建的时间顺序依次是：“外国语大楼、美术大楼、体育馆、实验大楼、图书馆、生物大楼（第二座）、工学院大楼、理学院大楼、新的音乐教学大楼（那里有一间原声演播室）、田家炳教育书院、生物大楼（第三座）、设计大楼”，一个大型田径场②。此外，还修建了大大小小 50 多栋师生住房及食堂等附加设施。每一栋楼的建设都是一个子目标，都是建设张楚廷心中“成功的学校”的组成部分。通常情况下，大学要搞建设、申请基建项目，一般的程序是三部曲：“要钱→定规模→拿项目”。意思是首先解决钱的问题，再根据钱来确定项目的规模与规格，最后再

① 张楚廷．张楚廷教育文集（第 4 卷）［M］．长沙：湖南教育出版社，2007：389.

② 张楚廷．张楚廷教育文集（第 4 卷）［M］．长沙：湖南教育出版社，2007：352.

立项搞建设。然而，张楚廷他们的基建目标却反其道而行之，是“拿项目→定规模→来钱”的新三部曲。虽然只是序列的改变，但结果大相径庭。原来看似非常困难的资金问题，如今变得不是那么神秘与棘手了。这主要是基于张楚廷的目标管理策略，一是开辟了“财从才来”的学校发展新思路，大量高端人才的引进，使政府愿意为他们投钱，也更舍得为他们花钱；二是开辟了多元筹资的渠道，不仅仅依靠政府的财政拨款，而是广开门路，获取各种捐赠、贷款等；三是自己省吃俭用。学校“办公楼在巨变中不变”，“依然是那面积约 1 000 平方米的两层楼房”①，真正做到“钱为学所花”，凡是学生、学术、学科、学校所需的，再多也要花；凡是可以节俭的，再少也不花。大量事实证明，张楚廷的目标管理收到了明显的效果，1996 年，湖南师范大学能够作为一所省属普通师范院校顺利进入国家“211 工程”就是明证。

二、有效表达方式：民主管理

大学里的教师、学生、管理工作人员的文化素质较高，参政议政的意识较强，“主人翁”意识较好，有着较高的精神文化需求，需要在科学面前人人平等、在真理面前人人平等，需要在学校管理方面享有自己的话语权。因此，在张楚廷看来，“学校管理的直接目标”② 就是运用民主管理的手段来进行学校管理，切切实实地让全校师生员工当家做主：真正落实民主决策、民主监督、民主评议、民主选择，切实履行学术民主、教学民主、人事民主、政治民主、财务民主；充分发挥全校广大师生员工的积极性、主动性，顺利推进和开展好各项工作，让民主意识、民主作风、民主精神成为工作常态。

“民主的关键在决策民主”③，这是有效实施民主管理的前提条件。以张楚廷执掌湖南师范大学为例，学校管理者创造了许许多多的机会和条件，便于全校广大师生员工参与民主决策过程，形成了一系列配套的、健全的民主系统，包括建立五个主要委员会——校务委员会、学术委员会、教学委员会、人事委员会、生活福利委员会，还有若干专门委员会以及学生组织，充分实现决策过程的民主化。

校务委员会拥有相当大的立法和决策权力，可以根据国家的法律来制定自己学校主要活动的基本法规。为了充分体现民主管理的精神和民主原则，要求校务委员会成员的产生与组成不仅要具有广泛的代表性，而且要能够直

① 张楚廷．张楚廷教育文集（第 4 卷）[M]．长沙：湖南教育出版社，2007：376.
② 张楚廷．张楚廷教育文集（第 11 卷）[M]．长沙：湖南人民出版社，2012：83.
③ 张楚廷．张楚廷教育文集（第 5 卷）[M]．长沙：湖南教育出版社，2007：256.

接反映民意，因此其成员的三分之二应直接来源于教代会的选举产生，其余三分之一则是由相关部门的负责人组成，比如学校党委的正副书记和正副校长若干名、工会主席、研究生会主席以及学生会主席等。

学术委员会不仅有权对学校的学术政策与有关的行政措施提出质询，而且具有学术评价与学术仲裁的职责和权力，并对学校的学术发展与繁荣提供咨询服务。其组成人员应由民主选举产生，要求是来自学校各个专业学术水平较高的教授或者副教授，具有广泛性和代表性。

教学委员会由教学第一线的优秀教师代表组成。其中心任务就是代表广大教师参与教学决策过程，行使教学民主权利。定期听取学校教务处的工作报告，收集教学信息，研讨教学问题对策，对教学决策提供咨询服务，对学校教学活动进行检查与监督，对教学管理提供参考意见和建议，不断推动学校教学改革，保证学校教学质量。

人事委员会要真正为学校的教学、科研工作服务，不仅其成员构成须民主产生，其工作职责和权力更应体现民主精神。既可以对学校在人事工作方面准备采取的重大决策进行讨论与论证，也可以对各类人员素质是否合乎学校发展的要求提出质询，对学校进行的特殊性人事调动予以审议。还应该定期听取人事处的工作报告，对学校的人事工作进行有效监督，并积极、正面宣传党和国家的人事政策，对学校人事工作提出合理化建议。

生活福利委员会与教职工的工作与生活息息相关，不仅要求成员构成具有广泛性和代表性，还要能够切实履行民主与监督的职责。定期听取后勤服务部门的工作报告，积极支持其正常开展工作，对教职工生活福利方面所存在的重大问题进行调查研究，并提出合理化的意见和建议。

民主管理的另一个关键在于民主监督，全校广大师生员工是否对领导干部、对学校工作实行了有效的监督。张楚廷执掌湖南师范大学期间，采取了一系列强有力的政策和措施，完备学校的监督系统。①保证各种代表会议的定期召开。这些代表大会最重要的有学校的党代会、教代会、学代会、团代会等，是体现学校师生员工民主权利的一个重要通道。其重要职能之一就是对学校党政机构的工作进行检查和总结，对学校领导人的工作进行评议。此外，在代表大会期间还会举行一些重要的选举工作，检查监督往届所通过决议的执行情况，审查所选举委员会的工作，质询甚至罢免所选举的委员。②建立工作报告制度。为了增强全校师生员工的主人翁意识，增进干群之间的相互信任和理解，促进学校党风、校风建设，增加群众监督的有效性，学校党政机关领导有必要实行定期或不定期的工作报告制度，并把一些群众最为关心、最为敏感的工作进行信息公开，接受群众的监督。比如每年的教代会上，校长要向教师代表报告工作，一些主要的行政部门也要向教代会的一些相关委员会定期报告工作。③学校干部普遍接受群众评议。学校的领导干部经常性或定期地接受群众直接的或间接的评议，有助于体现民主工作作风，更好地施行民主管理，加快推进学校的民主化进程。④群众具有选择干部的权利。这不仅可以增强干部对群众负责、对全校师生员工负责的观念，是干部队伍自身建设的需要，也是民主建设和民主管理的需要，是对群众民主程度的一种直接反映。

在此基础上，张楚廷还加强了学校的相关法规建设，来保证师生员工正当的民主权利，使得学校的民主活动得以正常开展。坚持决策过程的民主程序，包括重大决策事务和日常事务的民主程序两个主要方面，充分体现出民主与集中的原则，有效提高办事效率。学校开辟了很多倾听师生意见和心声的渠道，保障群众的言路畅通，诸如校长信箱、校领导接待日、学校新闻发布会、学校领导人与师生的定期见面会等，从而使学校民主管理科学化、规范化、制度化，真正起到齐抓共管的良好效果。

张楚廷认为，学术是“学者的生命”，是“大学的灵魂”，“自由是学术生存和发展的空气，民主是学术兴旺和发达的土壤”①。学术活动是学校最基本、最大量的活动，具有创造性、前瞻性的特点，要求有宽松、活跃的民主氛围，要实现学术民主（“以学术自由为根基”），“从根本上视学术自由、学术民主为学术生存和发展的命脉”②，正确处理好学术权力与行政权力的关系。

学术权力是指“真理判定权力”，包括对真理的“学术评价、学术判断、学术价值估计与预测等”③，其本质在于保障学术的独立性，其特点在于具有非强制性，其功能在于维护真理的尊严，具体体现为真理至上、民族至上。而行政权力是后生的，既“可以有学术判断”，也“可以有非学术性的价值判断”，因而“所做出的多半是综合性判断”，主要在于“利益的调整”。④ 其神圣使命在于为发现真理、发现知识、传递学术、繁荣学术提供有力的保障和支持，其基本特性就是保障学术自由和学术民主。

在张楚廷看来，教学工作是学校的中心工作，理所当然要实现教学民主，这是民心所向、大势所趋。学校要千方百计保证教师的教学自主权，想方设法保障学生的自由选择权。大量事实证明，教学民主的良好氛围，有利于融洽、和谐师生关系的形成，有利于新思想、新理论、新观点、新见解、新技

---

① 张楚廷．张楚廷教育文集（第 11 卷）[M]．长沙：湖南人民出版社，2012：78.
② 张楚廷．张楚廷教育文集（第 4 卷）[M]．长沙：湖南教育出版社，2007：385.
③ 张楚廷．张楚廷教育文集（第 11 卷）[M]．长沙：湖南人民出版社，2012：77.
④ 张楚廷．高等教育哲学 [M]．长沙：湖南教育出版社，2004：277 –278.

术、新方法、新创意的产生，有利于人才培养质量的提高。

三、有力保障：法规管理

国有国法，家有家规，学校当然也要有校规，没有规矩不成方圆。学校管理要法治不要人治，“法”大于“情”，法律面前人人平等。张楚廷认为，法规管理主要包括以下两个方面的内容：“一是严格遵守国家法律，依法治理学校；二是在国家法律、政府法规范围内结合学校的实际建立健全学校的规章制度，以加强学校管理。”① 由此可见，法规管理具有权威性、严肃性、持久性、行政性、强制性的特点，对人的活动与行为做出约束与规范，对全校师生员工起到间接的警示和教育作用，就像是一名无声教员，手拿无形教本，认真履行着教育的职责与功能，有效保障学校的长期稳定发展。因此，学校法规建设应遵循科学性原则、整体性原则、民主性原则、社会性原则、可行性原则，做到从严治校，科学管理。

科学性原则，是指学校的法规建设既要体现出学校外部社会环境发展变化的规律，又要体现学校内部教育自身的发展规律，还要反映学校自身发展的实际水平，缺一不可。例如，《中华人民共和国宪法》第四十六条明确规定：“国家培养青年、少年、儿童在品德、智力、体质等方面全面发展。”那么学校的法规建设就不得与此相悖，而应该严格遵照执行，并在此基础上，出台一些符合学校自身发展特色的对学生发展要求的法规。

整体性原则的关键在于突出强调“整体”二字，主要包括两个方面的意思。一是从大局出发，全盘考虑。学校既要建设好学校的运行机制，又要抓好人、财、物的建设，还要搞好学校的精神文明建设，三者缺一不可。而学校的法规建设只是学校建设的一个有机组成部分，所以在进行法规建设时，应将其放到学校的整体建设中去进行综合考虑，而不是剥离出来。二是要注意法规建设自身的整体性和一贯性，从纵横两方面得到体现。

民主性原则，是指在学校法规的制定、修订和增订过程中，应坚决贯彻民主原则，遵守民主程序，反映学校绝大多数师生的利益，符合学校发展的整体目标。任何个人都不得随意改动和变更学校法规，这既是学校法规建设的需要，也是民主建设自身的需要。

社会性原则，是指“学校法规必须在国家的法律、政府的法规范围内制定，不得违反”②。以此为前提来制定具有学校特色的学校法规，使学校法规

① 张楚廷．张楚廷教育文集（第5卷）[M]．长沙：湖南教育出版社，2007：269.

② 张楚廷．张楚廷教育文集（第5卷）[M]．长沙：湖南教育出版社，2007：279.

建设与社会发展相一致、相协调，而不是相矛盾、相冲突。

可行性原则是指在法规制定的过程中，要充分考虑法规实施过程中可能出现的各种实际情况，注意理论联系实际，而不是纸上谈兵，注意法规条文的可操作性和可行性。

依张楚廷看来，科学的教育管理就是教育与法规管理的良好结合，就是将“科学、严明、易于操作的管理，尊重、关切、爱护的原则，耐心、细致、深入的教育”[①] 巧妙地融为一体，充分发挥教育与管理的协调功能。学校的根本是教育，教育对人具有引导、感化和说服作用，是潜移默化的、不容忽视的。因此，实行法规管理，可以更好地维护学校正常的教学秩序，使学校的各种学术活动得以健康、良性、科学运行，尽可能多地依靠广大师生员工的自觉自愿行为来参与学校管理，真正做到“有法可依，执法必严，违法必究”。比如学校出台的一系列奖惩制度，对奖惩的对象、规格、标准、办法和措施都做出了明确具体的规定，对全校广大师生员工有着良好的明示和暗示作用，对遵守者起到激励与促进作用，对违反者也有震慑与惩治作用。

法规管理还能够有力地保障目标管理和民主管理的实施，三者之间有着千丝万缕的联系。首先，法规管理与目标管理的关系极为密切。一方面，学校法规可以作为一种手段形成有利于学校目标实现的条件，加快学校的发展；另一方面，学校管理者可以把建立完备的学校法规体系、强化学校法规管理的某些主要内容作为学校的建设目标，从而把目标管理运用到学校法规建设当中去。张楚廷在执掌湖南师范大学期间，为了建设好一支高水平的师资队伍，十分巧妙地在实际工作中，创造性地把目标管理与法规管理相结合，取得了明显的效果。为了达成改善学校教师的年龄结构、学历结构、职称结构、专业结构以及学缘结构等一系列目标，张楚廷对不同情况加以分析研究，对那些较长时间内持久稳定起作用的内容用正式学校法规的形式加以固定，对短期内必须实现的目标用学校正式文件的形式加以规定，运用法规管理的手段来实现目标管理，达到“神管形不管”的目的。

法规管理与民主管理之间的关系也是相互依存、相辅相成的。学校民主需要通过一定的制度来加以巩固，通过一定的程序来加以保障，并通过一定的监督来加以强化，而这一切都需要以一定的学校法规形式表现出来。学校的民主原则必须始终贯穿于学校法规建设的全过程，法规的合理性、

① 张楚廷．张楚廷教育文集（第5卷）［M］．长沙：湖南教育出版社，2007：276.

合法性与民主性是相互并存的，离开民主的法制是不可想象的。在张楚廷执掌湖南师范大学期间，学校的各种法规的制定一般都会经历起草→讨论→修改→批准（做决定）几个阶段，有时候甚至会反复好几个回合，才能最终定稿、行文、下发、公布。法规的起草工作一般由各职能部门完成，对综合性较强的起草工作还要会同有关部门或者是专门组织相关法规起草小组去完成。起草工作完成后，交由有关专门委员会进行广泛讨论，全面征求各方面意见，进行归纳汇总。然后再进行反复修改、反复论证，在民主的基础上适时集中，最后提交校长办公室批准或者校长做决定。但一经形成了法规，就必须遵照执行，任何人不得以任何理由去改变法规，如有违反，就会受到应有的惩罚。

小　结

张楚廷在学校管理活动中，以人为本，充分发挥人的主观能动性，实行“神管形不管”。认为人是可生长的，人是可发展的，人在不断求真、求善、求美的过程中，把“自己”培养成为“自己”，后一个“自己”比前一个“自己”更聪明、更智慧、更高大、更高尚、更完美。

张楚廷的学校管理智慧集中体现在目标管理、民主管理与法规管理的“三大管理”原则中，即“运用目标进行管理，按照民主的原则进行管理，应用法规的手段进行管理”。其中，目标管理是核心，有效表达方式是民主管理，法规管理是保障。

在张楚廷所实行的“三大管理”原则中，目标管理把原本不是手段的目标变成了一种手段，并运用目标的手段使得全校广大师生员工自觉地、主动地、积极地、热情地参与到学校管理当中来。民主管理和法规管理不仅能够对权力进行适当的划分，而且能够尊重与保证划分后权力的有效实施，充分发挥全校广大师生员工的主观能动性、积极性和创造性，做到“神管形不管”，寓“管”于“不管”之中。

“管”与“不管”不仅是一门学问、一门艺术，更是一个哲学命题，值得认真探讨，仔细研究。“管”与“不管”，是学校管理的两个方面，“管什么、如何管”与“不管什么、如何做到不管”是学校管理者应该思考的两个问题。

在张楚廷看来，“管”与“不管”具有相同的学校管理目的，学会“不管”，在本质上来说就是“学会管在点子上，学会管最基本的东西，学会在管理中有更深层的思索，学会预见管理的未来效果，学会在管理中求得做与想的合理平衡，学会管得更好”[1]。因而“从某种意义上讲，‘不管’是更值得学习的”[2]。

因此，高水平的学校管理就是真正能够做到“不管”，把“管”与“不管”巧妙地和谐统一起来。“不管”是为了更好地“管”在点子上，寓“管”于“不管”之中，以达到建设和谐美好校园的目的。

---

① 张楚廷. 张楚廷教育文集（第11卷）[M]. 长沙：湖南人民出版社，2012：115.

② 张楚廷. 校长靠什么进行管理[J]. 高等师范教育研究，1999（1）：49－54.

结语：面向人的教育

张楚廷的教育智慧是其教育思想的真情流露与自然表达，不仅蕴含在其一脉相承的人主义教育理论当中，而且深深地嵌入他的教育实践活动之中，从理论到实践，无不深深地折射出其教育理念与教育行为都是“面向人的教育”。

首先，在张楚廷的教育智慧当中，最为突出也最为重要的就是一个“人”字。其教育理论体系为人主义，其一以贯之的也是人主义。张楚廷认为，人是神圣的，人是至高无上的，接受教育是人与动物的根本区别之一，教育的对象是人，是有生命的人。教育的“底”在于人，人是教育的出发点和归宿，离开了人这个根本，教育就如同无源之水，无本之木。人是本，其他是末，不能本末倒置，舍本求末。

大学的根本使命同样在于培养人，通过培养人而彰显人的价值。因而教育的使命也在于把人“自己”培养成为“自己”。何谓“自己”？“自己”就是具有个性的“自己”，而不是千篇一律的“自己”，是由片面、基本面逐渐走向全面发展的“自己”，是独立的“自己”，是更富有、更智慧、更高大、更高尚、更丰富、更完美的“自己”。这个“自己”是独一无二的，因而大学应是倡导人的主体地位的大学，是以人为中心的大学，是培育人的心灵故乡的大学。只有在更大程度上彰显人的个性、张扬人的个性，才会让这所大学成为师生的心灵故乡，让人们心驰神往，成为心之所系与心之所爱。张楚廷在其治学、治校与管理活动中，凸显的正是人的意义与价值，让人成为教育活动的主宰者，让一个个“人”字熠熠生辉。

其次，凸显张楚廷教育智慧的是“生命”。张楚廷对生命的赞美与讴歌、对生命的珍重与关爱，体现在其著作的字里行间，贯穿于其教育实践活动之中。美国高等教育学者布鲁贝克在其《高等教育哲学》一书中指出，高等教育存在两个哲学基础，即政治论高等教育哲学与认识论高等教育哲学。张楚廷在深入考察、充分论证的基础上，对布鲁贝克“两论”的不合理性进行了批判，认为政治论高等教育哲学是站不住脚的，认识论高等教育哲学是片面的，进而指出高等教育的哲学基础在于人的生命，提出了大学的生命论高等教育哲学思想。

大学起源于人的生命，是人的生命的进一步腾升与上扬。人在大学“求学问”与“做学问”，为的是提升其生命品质，彰显其生命活力，不断超越自我生命。这里的生命含义，不仅包括自然生命，更重要的是指精神生命与社会生命。大学是有生命灵魂的大学，因为每一个大学人，都是活生生的个体，是有思想的个体，是具有生命与思想灵魂的个体。如果一所大学忘记了其以人为中心、提升人的生命品质、彰显人的思想与生命灵魂的使命与责任之所在，其所培养的人终将是“器”而非真正的“人”！张楚廷在其教育活动当中，想尽千方百计，历尽千辛万苦，为的就是让“人”这种“生命”焕发光彩，实现生命的理想与价值。

最后，彰显张楚廷教育智慧的是“自由”。张楚廷认为，人本自由，自由是可以发展的，自由是可以创造的。思想即自由，自由即创造。思想越是自由，创造力越强大，对社会所做的贡献就越大。张楚廷对于自由的向往与追求，在其教育智慧中得到了深刻的体现与贯彻执行，他采取了一系列的措施为自由保驾护航。他始终认为，大学作为以学术性为其根本属性的学术组织，意味着其势必需要崇尚学术自由，也要崇尚自由学术。因为只有自由的学术环境，师生们才能有真正的创造，也只有崇尚学术自由，学者们才能有宽松的外部环境去发现并寻获真理。当然，学术自由并非任意的自由，并非无限制的自由，而是要在遵守国家法律、法规，不违背伦理道德与正义的前提下的自由。越是高水平的大学，越是自由的大学；越是自由的大学，其水平越高。同时，越是自由的大学，其自治程度也越高，学术自由与大学自治也是建立现代大学制度的根基，更是大学基业长青的保障。

所以，在其执掌两所大学的30多年时间里，不仅学术是自由的，师生可以尽情在学术的海洋里驰骋遨游，而且在遵守国家法律法规的前提下，人身也是极其自由的，尤其是对于教师而言，来去自由，不会人为设置障碍和关卡，限制教师的身份自由。事实证明，这样的政策不但没有使人才外流，反而让教师更加安心地工作与生活，没有后顾之忧，为学校的持续、健康、稳定发展提供了有力保障。

总而言之，张楚廷的教育思想是一种面向人的教育思想，其核心观点就是面向上天之下的人所进行的教育。其教育智慧体现出对人的无比尊重与热爱、对生命的无比珍惜与爱护、对自由的无上迷恋与向往，展现出来的是一首首充满深情的诗词歌赋、一部部意蕴深长的鸿篇巨制、一幅幅波澜壮阔的唯美画卷，给人以力量和勇气，催人奋进，为我国的教育事业做出了杰出的贡献，是一笔宝贵的精神财富。不仅为我国的教育理论宝库增添了浓墨重彩的一笔，而且为我国的教育实践活动提供了许多有益的借鉴与启示。张楚廷对人类教育事业所做出的贡献，定将载入史册，成为人类共同拥有的知识宝藏。

附　　录

张楚廷简介

张楚廷（1937—　），当代著名教育家、教育思想家。数学教授，教育学教授，高等教育学博士生导师，课程与教学论博士生导师。原湖南师范大学校长，原湖南涉外经济学院院长。

个人履历

1937 年 2 月 2 日出生于印度尼西亚，同年底随父母回到家乡湖北省沔阳县（今仙桃市），在家乡度过童年，在天门和武汉接受了良好的中学教育。

1955 年考入湖南师范学院（今湖南师范大学）数学系。1959 年毕业后留校任教，长期讲授大学数学课程。

1979 年以后，历任湖南师范学院、湖南师范大学数学讲师、副教授、教授。后研习教育学，并任教育学教授。

1981—1982 年任湖南师范学院数学系副主任、系主任。

1982 年任湖南师范学院副院长，主持学校行政工作。

1983—1988年，1995—2000年任湖南师范学院、湖南师范大学党委书记。1986—2000年任湖南师范学院、湖南师范大学校长。

在执掌湖南师范大学校政的18年时间里，张楚廷校长将湖南师范大学这样一所名不见经传的普通省属师范学院办成了全国“211”工程重点大学。此间，曾任中共湖南省委委员10年，任湖南省科协副主席10年，后任湖南省政协委员。

2002年和2004年先后任湖南师范大学教育科学学院课程与教学论博士生导师、高等教育学博士生导师。

2001—2009年任湖南涉外经济学院院长，现任湖南涉外经济学院名誉院长。

现任或曾任学术职务

全国大学生素质教育指导委员会副主任委员；

全国教育学名词审定委员会副主任委员；

中国高等教育学会学术委员会委员；

全国高等教育管理研究会常务理事；

全国高校教学研究会常务理事；

全国高等师范院校面向21世纪教学内容与课程体系改革指导委员会委员；

教育部教师教育专家委员会委员；

湖南省教学质量评估委员会副主任等；

北京师范大学、华中科技大学、湖南师范大学教授；

湖南省教育科学研究院学术顾问。

曾获学术奖项

国家级教学成果一等奖；

国家级教学成果二等奖；

国家图书奖；

全国教育规划成果二等奖两项；

教育部大学出版社优秀学术著作奖；

教育部优秀高等教育论文一等奖；

全国高等师范研究会优秀著作一等奖；

湖南省最高教育奖——徐特立教育奖；

曾宪梓优秀教师奖二等奖；

湖南省教委优秀著作一等奖两项；

湖南省优秀教学成果一等奖；

湖南省优秀高等教育论文一等奖；

湖南省“五个一”工程奖；

获日本创价大学最高荣誉奖。

1997 年被评为湖南省十大优秀社会科学家等。

张楚廷校长的教育思想在中国高等教育领域有着深远的影响。

北京大学高等教育研究所前所长喻岳青教授把张楚廷与匡亚明、朱九思、曲钦岳列为当代中国最优秀的大学校长。

参考文献

一、专著类

[1] 张楚廷. 张楚廷教育文集（第1~10卷）[M]. 长沙：湖南教育出版社，2007.

[2] 张楚廷. 张楚廷教育文集（第11~20卷）[M]. 长沙：湖南人民出版社，2012.

[3] 张楚廷. 张楚廷教育文集（第21~32卷）[M]. 重庆：西南师范大学出版社，2015.

[4] 张楚廷. 课程与教学哲学 [M]. 北京：人民教育出版社，2003.

[5] 张楚廷. 高等教育哲学 [M]. 长沙：湖南教育出版社，2004.

[6] 张楚廷. 教育哲学 [M]. 北京：教育科学出版社，2006.

[7] 张楚廷. 教育基本原理——一种基于公理的教育学 [M]. 长沙：湖南师范大学出版社，2009.

[8] 张楚廷. 高等教育学导论 [M]. 北京：人民教育出版社，2010.

[9] 张楚廷. 高等教育哲学通论 [M]. 北京：高等教育出版社，2010.

[10] 张楚廷. 大学人文精神构架 [M]. 长沙：湖南师范大学出版社，1996.

[11] 张楚廷. 教学论纲 [M]. 北京：高等教育出版社，1999.

[12] 张楚廷. 教育论 [M]. 长沙：湖南教育出版社，2000.

[13] 张楚廷. 大学教学学 [M]. 长沙：湖南师范大学出版社，2002.

[14] 张楚廷. 数学文化 [M]. 北京：高等教育出版社，2006.

[15] 张楚廷. 数学与创造 [M]. 大连：大连理工大学出版社，2008.

[16] 张楚廷. 高校教师教育教学技能 [M]. 长沙：湖南人民出版社，2010.

[17] 张楚廷. 素质：中国教育的沉思 [M]. 武汉：华中科技大学出版社，2001.

[18] 刘献君. 大学之思与大学之治 [M]. 武汉：华中理工大学出版社，2000.

[19] 罗红波. 博洛尼亚大学 [M]. 长沙：湖南教育出版社，1986.

[20] 刘小枫，陈少明. 古典传统与自由教育 [M]. 北京：华夏出版社，2005.

[21] [意]维柯．新科学 [M]．北京：商务印书馆，1989.
[22] 邵瑞珍．教育心理学 [M]．上海：上海教育出版社，1997.
[23] 杨自伍．教育：让人成为人 [M]．北京：北京大学出版社，2010.
[24] 联合国教科文组织总部中文科．教育——财富蕴藏其中 [M]．北京：教育科学出版社，1996.
[25] 联合国教科文组织国际教育发展委员会．学会生存——教育世界的今天和明天 [M]．北京：教育科学出版社，1996.
[26] 刘述礼，黄延复．梅贻琦教育论著选 [M]．北京：人民教育出版社，1993.
[27] 冯契．智慧的探索（补编）[M]．上海：华东师范大学出版社，1998.
[28] 李泽厚．中国思想史编（上册）[M]．合肥：安徽文艺出版社，1998.
[29] 李泽厚．美的历程 [M]．天津：天津社会科学出版社，2001.
[30] 任钟印．世界教育名著通鉴 [M]．武汉：湖北教育出版社，1994.
[31] 中国大百科全书总编辑委员会．中国大百科全书（第 7 卷）[M]．北京：中国大百科全书出版社，1998.
[32] 心理学大辞典 [M]．上海：上海教育出版社，2003.
[33] 教育大辞典 [M]．上海：上海教育出版社，1990.
[34] 靖国平．教育的智慧性格——兼论当代知识教育的变革 [M]．武汉：湖北教育出版社，2004.
[35] 张金福．大学人文教育与科学教育结合研究 [M]．杭州：浙江大学出版社，2006.
[36] 周光迅，等．哲学视野中的高等教育 [M]．青岛：中国海洋大学出版社，2006.
[37] 杜时忠．人文教育论 [M]．南京：江苏教育出版社，1999.
[38] 张传燧．中国教学论史纲 [M]．长沙：湖南教育出版社，1999.
[39] 高晓清．自由，大学理念的回归与重构 [M]．香港：香港教育出版社，2004.
[40] 朱小蔓．教育的问题与挑战——思想的回应 [M]．南京：南京师范大学出版社，2000.
[41] 韩延明．大学教育理念 [M]．北京：人民教育出版社，2003.
[42] 朱九思．竞争与转化 [M]．武汉：华中科技大学出版社，2001.
[43] 石鸥．教学病理学 [M]．长沙：湖南教育出版社，1999.
[44] 申纪云．素质教育运行机制研究 [M]．长沙：湖南教育出版社，2000.
[45] 眭依凡．大学校长的教育理念与治校 [M] 北京：人民教育出版社，

2001.
[46] 眭依凡．大学的使命与责任［M］．北京：教育科学出版社，2007.
[47] ［英］怀特海．教育目的［M］．徐汝舟，译．北京：生活·读书·新知三联书店，2002.
[48] ［古希腊］亚里士多德．形而上学［M］．北京：商务印书馆，1959.
[49] ［古希腊］亚里士多德．尼各马科伦理学［M］．北京：中国社会科学出版社，1999.
[50] ［美］约翰·杜威．人的问题［M］．上海：上海人民出版社，1965.
[51] ［美］约翰·杜威．民主主义与教育［M］．王承绪，译．北京：人民教育出版社，2001.
[52] ［爱尔兰］弗兰克·M·弗拉纳根．最伟大的教育家［M］．卢立涛，安传达，译．上海：华东师范大学出版社，2009.
[53] ［德］黑格尔．美学（第1卷）［M］．北京：商务印书馆，1979.
[54] ［德］卡西尔．人论［M］．李化梅，译．北京：西苑出版社，2009.
[55] ［捷克］夸美纽斯．大教学论［M］．傅任敢，译．北京：教育科学出版社，1999.
[56] ［美］约翰·S·布鲁贝克．高等教育哲学［M］．王承绪，等，译．杭州：浙江教育出版社，1987.
[57] ［英］约翰·亨利·纽曼．大学的理想［M］．徐辉，顾建新，何曙荣，译．杭州：浙江教育出版社，2001.
[58] ［法］卢梭．论人类不平等的起源和基础［M］．北京：商务印书馆，1959.
[59] ［德］雅斯贝尔斯．什么是教育［M］．北京：生活·读书·新知三联书店，1991.
[60] ［英］洛克．教育漫话［M］．北京：教育科学出版社，1999.
[61] ［加］马克斯·范梅南．教学机智——教育智慧的意蕴［M］．北京：教育科学出版社，2001.
[62] ［美］小威廉姆·E·多尔．后现代课程观［M］．王红宇，译．北京：教育科学出版社，2000.
[63] ［德］恩格斯．自然辩证法．［M］．//马克思恩格斯选集（第3卷）．北京：人民出版社，1995.
[64] 中共中央马克思恩格斯列宁斯大林著作编译局．马克思恩格斯选集（第1卷）［M］．北京：人民出版社，1995.
[65] 中共中央马克思恩格斯列宁斯大林著作编译局．马克思恩格斯选集（第2卷）［M］．北京：人民出版社，1995.

[66] 中共中央马克思恩格斯列宁斯大林著作编译局．马克思恩格斯选集（第3卷）[M]. 北京：人民出版社，1995.
[67] [德]马克思，恩格斯．马克思恩格斯全集（第2卷）[M]. 北京：人民出版社，1979.
[68] [德]马克思，恩格斯．马克思恩格斯全集（第3卷）[M]. 北京：人民出版社，1979.
[69] [德]马克思，恩格斯．马克思恩格斯全集（第25卷下册）[M]. 北京：人民出版社，1979.
[70] [德]马克思，恩格斯．马克思恩格斯全集（第42卷）[M]. 北京：人民出版社，1979.
[71] [德]马克思，恩格斯．马克思恩格斯全集（第46卷上册）[M]. 北京：人民出版社，1979.
[72] Kener M, Keller P. Making Harvard Modem [M]. Oxford: Oxford University press, 2001.
[73] John H. Newman. The Idea of a University [M]. Oxford: Clarendon Press, 1976.
[74] Reinhard Bendix, Max Weber. An intellectual Portrait [M]. Berkeley: University of California Press, 1977.
[75] Clark Kerr. The Great Transformation in Higher Education [M]. New York: State University of New York Press, 1991.
[76] Derek Bok. Beyond the Ivory Tower: Social Responsibility of the Modern University. Cambridge [M]. Mass: Harvard University Press, 1982.
[77] Tanner D. Tanner L N. Curriculum Development, Theory into Practice [M]. NewYork: Macmillan, 1980.
[78] Cherryholmes C H, Power and Curriculum: Poststructural Investigation in Education [M]. Columbia: Teachers College Press, 1986.
[79] Maslow, Abraham. Toward a Psychology of Being [M]. New York: D. Van Nostrand Co. , 1968.

二、期刊类

[1] 张楚廷．大学人文教育与人的解放 [J]. 高等教育研究，2011（2）.
[2] 张楚廷．文理渗透与教学改革 [J]. 高等教育研究，1998（5）.
[3] 张楚廷．大学与课程 [J]. 高等教育研究，2003（2）.

[4] 张楚廷. 人文素质教育的教育学原理 [J]. 湖南文理学院学报（社会科学版），2003 (6).
[5] 张楚廷. 论教学的特征性规律 [J]. 教育评论，1999 (1).
[6] 张楚廷. 再论素质教育的基本点 [J]. 中国教育学刊，2003 (3).
[7] 张楚廷. 大学文化素质教育十年断想 [J]. 高等教育研究，2005 (7).
[8] 张楚廷. 全面发展实质即个性发展 [J]. 北京大学教育评论，2004 (2).
[9] 张楚廷. 教学改革与人本思想 [J]. 课程·教材·教法，2004 (9).
[10] 张楚廷. 课程的"五 I"构想 [J]. 课程·教材·教法，2003 (11).
[11] 彭道林，张楚廷."五 I"课程观再释读 [J]. 课程·教材·教法，2013 (9).
[12] 张楚廷. 教育思想改革的重要进展——素质教育论 [J]. 清华大学教育研究，1997 (3).
[13] 张楚廷. 以人为本与教育学改造 [J]. 高等教育研究，2004 (5).
[14] 张楚廷. 高等教育里的十大负面现象 [J]. 现代大学教育，2002 (5).
[15] 张楚廷. 元学习概念及其教学论意义 [J]. 教育研究，1999 (1).
[16] 张楚廷. 影响教育理念的根本问题之一——艺术优先于科学 [J]. 高等教育研究，2003 (11).
[17] 张楚廷. 素质：教育的沉思 [J]. 高等教育研究，2000 (2).
[18] 张楚廷. 教育中，什么在妨碍创造 [J]. 高等教育研究，2002 (11).
[19] 张楚廷. 教育如何看待"玩" [J]. 教育评论，2001 (4).
[20] 张楚廷. 发现学习与发现教学 [J]. 中国教育学刊，2000 (12).
[21] 张楚廷. 规划与信仰 [J]. 高等教育研究，2006 (7).
[22] 张楚廷. 校长靠什么进行管理 [J]. 高等师范教育研究，1999 (1).
[23] 张楚廷. 新世纪：教育与人 [J]. 高等教育研究，2001 (1).
[24] 张楚廷. 教学理论与素质教育 [J]. 高等教育研究，2000 (6).
[25] 张楚廷. 论教学的特征性规律 [J]. 教育评论，1999 (1).
[26] 张楚廷. 马克思的思想给素质教育提供的启示 [J]. 高等教育研究，2002 (5).
[27] 张楚廷. 教学改革的"人和问" [J]. 高校教育管理，2015 (2).
[28] 张楚廷. 论校长职业与职业校长 [J]. 云梦学刊，2013 (1).
[29] 张楚廷. 关注素质教育下的教师素养 [J]. 中国高等教育，2006 (1).
[30] 张楚廷. 教学管理与课程管理的关系 [J]. 大学教育科学，2005 (3).
[31] 张楚廷. 试论教育公理 [J]. 高等教育研究，2006 (5).
[32] 张楚廷. 哲学对于大学意味着什么 [J]. 高等教育研究，2006 (2).

[33] 张楚廷. 素质教育不是一种额外的教育——兼论素质教育与知识教育的关系 [J]. 中国教育学刊, 2006 (6).
[34] 张楚廷. 美育在教育中的地位问题 [J]. 高教探索, 2001 (4).
[35] 张楚廷. 品味大学品位 [J]. 河北科技大学学报 (社会科学版), 2001 (9).
[36] 张楚廷. 全球化与民族化 [J]. 中国高教研究, 2002 (1).
[37] 张楚廷. 人文素质教育的教育学原理 [J]. 湖南文理学院学报 (社会科学版), 2003 (6).
[38] 张楚廷. 全面发展的九要义 [J]. 高等教育研究, 2006 (10).
[39] 张楚廷. 哲学与创新 [J]. 现代大学教育, 2006 (6).
[40] 张楚廷. 何谓创造教育 [J]. 大学教育科学, 2006 (4).
[41] 张楚廷. 学问与"学问" [J]. 中国教育学刊, 2002 (3).
[42] 张楚廷. 学会发问 [J]. 中国教育学刊, 2003 (9).
[43] 张楚廷. 才从财来, 还是财从才来 [J]. 当代教育论坛, 2004 (5).
[44] 张楚廷. 素质教育的若干理论问题 [J]. 中国高等教育, 2003 (23).
[45] 张楚廷. 论大学校长 [J]. 高等教育研究, 2009 (7).
[46] 张楚廷. 大学的特色是什么 [J]. 现代大学教育, 2009 (5).
[47] 张楚廷. 大学的文化自觉初论 [J]. 现代大学教育, 2010 (3).
[48] 张楚廷. 大学的忧虑, 忧虑的大学——有感于重温博克讲话之时 [J]. 大学教育科学, 2011 (2).
[49] 张楚廷. 大学里, 什么是一堂好课 [J]. 高等教育研究, 2007 (3).
[50] 张楚廷. 数学文化与人的发展 [J]. 数学教育学报, 2001 (8).
[51] 张楚廷. 素质教育是通识教育的灵魂——兼论我国高校素质教育之走向 [J]. 高等教育研究, 2008 (7).
[52] 张楚廷. 为什么最好少说"教育"二字 [J]. 大学教育科学, 2010 (4).
[53] 张楚廷. 把自觉培养成为自己 [J]. 大学教育科学, 2005 (6).
[54] 张楚廷. 教育学属于人文科学 [J]. 教育研究, 2011 (8).
[55] 张楚廷. 两种做法, 两种观念, 两种结果——评"百篇优秀博士论文评选" [J]. 大学教育科学, 2010 (2).
[56] 张楚廷. 语言与人生 [J]. 现代大学教育, 2013 (3).
[57] 张楚廷. 自由论 [J]. 学园, 2011 (4).
[58] 张楚廷. 自由是人的同义词 [J]. 当代教育论坛 (综合研究), 2011 (12).
[59] 张家. 大学文化: 谁在建? 谁在损? [J]. 大学教育科学, 2006 (3).

[60] 张家．全面发展，更是一种权利［J］．大学教育科学，2005（5）．
[61] 张家．教学设计小议［J］．大学教育科学，2006（6）．
[62] 张家．大学：适应，保守，还是超越［J］．大学教育科学，2006（1）．
[63] 高晓清．学术自由与学术规范［J］．现代大学教育，2003（2）．
[64] 高晓清．论高等教育的文化本质［J］．现代大学教育，2002（2）．
[65] 张应强．论科学教育与人文教育的整合［J］．高等教育研究，1995（3）．
[66] 刘献君．21世纪中国高等教育的走向［J］．高等教育研究，2000（2）．
[67] 刘献君．科学与人文相融——论结合专业教学进行人文教育［J］．高等教育研究，2002（5）．
[68] 刘献君．知识经济呼唤人文教育与科学教育的融合［J］．高等教育研究，1999（2）．
[69] 刘献君．论加强文化素质教育与全面推进素质教育的关系［J］．高等教育研究，1999（6）．
[70] 张岂之．应当着力提高大学教师的人文素养［J］．中国高等教育，2000（4）．
[71] 杨跃民．高校人文教育：问题与建议［J］．理论探讨，2005（6）．
[72] 杜维明．人文学和高等教育［J］．清华大学教育研究，2003（4）．
[73] 薛天祥，庞青山．论大学人文教育科学教育的融合［J］．中国高教研究，2003（1）．
[74] 时伟，薛天祥．论人文精神与人文教育［J］．高等教育研究，2003（5）．
[75] 杜时忠．论人文教育的价值［J］．清华大学教育研究，1998（2）．
[76] 杜时忠．人文教育的理念［J］．教育理论与实践，1999（9）．
[77] 杜时忠．教育人文意义的失落与追寻［J］．教育研究，1999（9）．
[78] 顾明远．人文教育在高等学校中的地位和作用［J］．高等教育研究，1995（4）．
[79] 顾明远．高等教育与人文精神［J］．高等教育研究，2002（1）．
[80] 顾秉林．人文教育与一流大学的人才培养［J］．清华大学学报（哲学社会科学版），2001（2）．
[81] 杨德广．加强人文教育，提高人文素质［J］．教育研究，1999（2）．
[82] 李强．大学生命教育的独特品性［J］．高等教育研究，2008（2）．
[83] 叶澜．时代精神与新教育思想的构建［J］．教育研究，1994（10）．
[84] 石鸥．素质教育研究取向的思考［J］．中国教育学刊，1999（3）．
[85] 石鸥．面临考验的教育学世界——关于教育学三分科的理论思考［J］．

教育研究，2000（2）.
[86] 石鸥．我们如何面对素质教育［J］．教育发展研究，1999（6）.
[87] 石鸥．解构与重构：试论大学的第三中心［J］．高等师范教育研究，2002（5）.
[88] 石鸥．素质教育研究取向的思考［J］．中国教育学刊，1999（3）.
[89] 蒋已兰．浅谈人本与大学内部治理［J］．中国校外教育，2012（9）.
[90] 杨叔子．人文教育：民族之基人才之础［J］．中国高等教育，2000（15－16）.
[91] 杨叔子．人文教育：现代大学之基［J］．南京农业大学学报，2001（1）.
[92] 杨叔子．科学人文和而不同［J］．清华大学教育研究，2002（3）.
[93] 杨叔子．现代大学与人文教育［J］．高等教育研究，1999（4）.
[94] 靖国平．论教育的知识性格和智慧性格［J］．教育理论与实践，2003（19）.
[95] 靖国平．论智慧的涵义及其特征［J］．湖南师范大学教育科学学报，2004（2）.
[96] 文东茅．人本自由——张楚廷先生治学与为人之道［J］．学园，2008（2）.
[97] 邓小华．多方位创新的研究成果——评张楚廷教授新著《教育基本原理》［J］．学园，2010（3）.
[98] 周庆元．感悟张楚廷校长［J］．当代教育论坛，2007（4）.
[99] 黎利云．人的教育与人的课程——张楚廷课程理论特色及成因［J］．大学教育科学，2014（5）.
[100] 徐继存．走向哲学的课程与教学研究——读张楚廷先生的《课程与教学哲学》［J］．当代教育论坛，2004（11）.
[101] 张传燧．课程哲学：课堂生活里自然流淌着的生命——读张楚廷教授新作《课程与教学哲学》有感［J］．当代教育论坛，2005（3）.
[102] 燕良轼．春色满园关不住，一枝红杏出墙来——评张楚廷教授的新著《课程与教学哲学》［J］．湖南文理学院学报（社会科学版），2004（2）.
[103] 燕良轼．闪烁着人性光辉的乐章——张楚廷教育哲学思想摭拾［J］．当代教育论坛，2007（4）.
[104] 魏饴．人本高等教育哲学的诞生与发展——中美两部《高等教育哲学》之比较［J］．高等教育研究，2005（7）.
[105] 何云辉．生命哲学视角的本土高等教育观——对张楚廷教授《高等教育哲学》的思考［J］．吉首大学学报（社会科学版），2011（2）.
[106] 钟勇为．把大学的“根”留住——读张楚廷《高等教育哲学》［J］.

煤炭高等教育，2008（3）.
［107］李峻．本土高等教育哲学的个性特征——读张楚廷教授的《高等教育哲学》［J］．高教探索，2008（4）.
［108］沈小姣．布鲁贝克和张楚廷高等教育哲学观的比较［J］．学园，2010（4）.
［109］周德义．人的教育与教育人的深层思考——张楚廷《教育哲学》述评［J］．湖南广播电视大学学报，2007（2）.
［110］娄小明．从“人”的视角看教育——读张楚廷《教育哲学》有感［J］．人民教育，2009（9）.
［111］辛继湘．让思想自由流动起来——读张楚廷先生新著《高等教育学导论》［J］．高等教育研究，2010（12）.
［112］辛继湘．为了人的教育——张楚廷先生人本教育思想探析［J］．高等教育研究，2007（8）.
［113］谭伟平．吹沙见金，穷理求本——张楚廷人本教育思想探析［J］．当代教育论坛，2007（4）.
［114］邹烨．教育家式大学校长的成长——以张楚廷校长为例［J］．当代教育理论与实践，2013（3）.
［115］李碧虹．游刃于形而上下之间——读张楚廷先生《高等教育学导论》［J］．大学教育科学，2011（1）.
［116］段慧兰．有思想的学术，有学术的思想——《高等教育学导论》评介［J］．当代教育论坛，2011（8）.
［117］谭容培．一部有鲜明特色的教育研究专著——评张楚廷教授《校长学概论》［J］．北京师范大学学报（社会科学版），1995（2）.
［118］姚晓峰．一位校长的心路历程——读张楚廷校长的《校长叙论》［J］．陇东学院学报，2009（1）.
［119］赵雄辉，古舍．张楚廷和他的教育人生［J］．当代教育论坛，2007（3）.
［120］刘铁芳，段慧兰．校长何以作为大学事理的体现者——从张楚廷的大学实践看校长人格范式的建构［J］．大学教育科学，2012（5）.
［121］刘铁芳．一种科学—人文主义的教育学路径——张楚廷教授的教育学视界［J］．大学教育科学，2007（4）.
［122］胡绪阳．美好：一种崇高的教育期待与追求——张楚廷《课程与教学哲学》读评［J］．当代教育论坛（校长教育研究），2007（7）.
［123］沈又红，黎钰林．“我们中国人自己的哲学”——张楚廷教育哲学旨趣五解［J］．大学教育科学，2007（6）.

［124］刘徐湘．张楚廷教育哲学思想探析［J］．大学教育科学，2008（4）．
［125］Nicholas Maxwell. Are Universities Undergoing an Intellectual Revolution?［J］. *Oxford Magazine*，2009（290）．

三、论文集

［1］燕良轼，刘宇文．张楚廷教育思想研究［C］．长沙：湖南大学出版社，2009．
［2］刘铁芳，高晓清．张楚廷教育思想研究（第2集）［C］．长沙：湖南大学出版社，2015．
［3］北京大学哲学系外国哲学史教研室．西方哲学原著选读［C］．北京：商务印书馆，1981．
［4］刘献君．专业教学中的人文教育［C］．武汉：华中科技大学出版社，2003．
［5］中国大学人文启示录（第1～6卷）［C］．武汉：华中科技大学出版社，1996－2003．
［6］甘阳，等．中国大学的人文教育［C］．北京：生活·读书·新知三联书店，2006．

四、学位论文

［1］段慧兰．走向人的自觉——张楚廷教育思想历程研究［D］．长沙：湖南师范大学，2014．
［2］黎利云．张楚廷“五I”课程思想研究［D］．长沙：湖南师范大学，2014．
［3］龚常．张楚廷大学管理理念研究［D］．长沙：湖南师范大学，2009．
［4］黄军山．张楚廷“五I”课程观研究［D］．长沙：湖南师范大学，2007．
［5］姚晓峰．张楚廷大学理念研究［D］．长沙：湖南师范大学，2005．
［6］魏饴．大学素质教育与教育回归人本［D］．长沙：湖南师范大学，2007．
［7］谭伟平．大学人文教育与人文课程［D］．武汉：华中科技大学，2005．
［8］陈长里．人本、效率、公平——彼得·德鲁克的管理伦理思想研究［D］．长沙：湖南师范大学，2008．
［9］王建平．中国现代语境下的科学教育与人文教育融合问题研究［D］．武汉：华中科技大学，2008．

[10] 赵立波．人文发展与通识教育问题初探［D］．上海：复旦大学，2008.

[11] 郭昊龙．科学教育与人文教育的融合［D］．武汉：华中科技大学，2003.

[12] 张国强．论高等教育功能的失调与调适［D］．武汉：华中师范大学，2008.

[13] 刘铁芳．生命与教化——现代性道德教化问题审理［D］．长沙：湖南师范大学，2003.

[14] 吕素珍．现实与超越——大学教师理想角色形象研究［D］．武汉：华中师范大学，2008.

[15] 刘军．潘光旦人文教育思想研究［D］．长沙：湖南师范大学，2008.

[16] 吕佩爱．科学精神与人文关怀——马修．阿诺德的文化观研究［D］．上海：华东师范大学，2008.

[17] 王菲．芝加哥大学哈珀校长的大学理念与治校实践研究［D］．沈阳：沈阳师范大学，2011.

[18] 邓文琳．大学学术氛围的衡量指标体系构建研究［D］．长沙：中南大学，2009.

[19] 张庆辉．生态学视野中的大学战略管理［D］．武汉：华中科技大学，2010.

[20] 乔元正．自由与秩序之间——走向共同治理的大学管理研究［D］．长沙：湖南师范大学，2013.

[21] 常思亮．大学课程决策研究［D］．长沙：湖南师范大学，2010.

[22] 李金奇．被学科规训限制的大学人文教育［D］．华中科技大学，2005.

[23] 胥秋．大学学科文化的冲突与融合［D］．武汉：华中科技学，2010.

[24] 李强．大学生命教育论［D］．武汉：华中科技大学，2007.

[25] 陈飞虎．大学教育智慧［D］．长沙：湖南师范大学，2011.

[26] 刘徐湘．论教师教学生活的智慧——一种形上关怀［D］．重庆：西南师范大学，2005.

五、其他

[1] 宋德发．大学校长应向张楚廷学什么？［DB/OL］．［2013－12－16］．http：//jinriweixin. com/feed/86718564.

[2] http：//zhidao. baidu. com/question/216340126. html.

[3] http：//baike. baidu. com/view/1170608. htm.

[4] http：//baike. baidu. com/view/3507737. htm.

后　　记

《张楚廷教育智慧》这本拙作是在我的博士论文《张楚廷教育智慧研究》的基础上修改而成的。

当博士论文暂告一个段落时，我的思绪依然在翻滚，仍然沉浸在张楚廷先生的教育智慧之中。他对人的尊重，对人权、人性、人格的关注，对人的尊严、自由与解放的特别强调，仍然萦绕在我的脑海中，回荡在我的耳旁。

当我掩卷而思，有些许释然，也有些许自责。释然的是我终于自由自在地在张楚廷先生教育智慧世界里尽情遨游了一番，领略到了不一样的独特风景，个中滋味怡然自得，胜似闲庭信步。自责的是，这本博士论文早就应该问世，我居然延迟了两年之久。经常听人说做博士论文有多辛苦、多艰难，我就这么轻易地被吓到了，虽然也一直在看书写心得，但迟迟没有下笔写成系统的博士论文，都是慵懒惰性惹的祸，没有敢于攀登学术高峰的勇气和决心。

遥想2010年，踌躇满志的我，怀揣着对学术研究的梦想，走进了湖南师范大学教育科学学院的知识神殿。由于一直以来对张楚廷先生的敬仰之情，自从读硕士研究生以来，就特别喜欢聆听先生的讲课、讲座与报告，研读先生的著作、论文。攻博之后，三生有幸的是如愿以偿地成了张楚廷先生的弟子。随着与导师日益增多的零距离接触，更加被其教育智慧深深吸引，毅然决定将其作为我博士论文的研究方向与内容。当我怀着忐忑不安的心情，向导师汇报自己的想法并获顺利通过时，我的激动之情至今仍记忆犹新。先生说："研究我可以，但我不能做你的论文指导老师，那样不合适，不能自己指导学生研究自己。"于是，我就幸运地拥有了第二导师——高晓清教授。随着研究的不断深入，我对导师张楚廷先生思、教、行、管的教育智慧越发崇敬，对在此期间给予我无微不至的关怀、理解、教导与帮助的两位导师心怀感激。每一次的点拨与论文修改，都凝聚着导师们的心血；每一次思想火花的碰撞，都让我激动万分。五年的攻博经历，也是与两位导师情感与学术交织交融的经历，有着太多的感动、感怀与感恩之情。

睿智豁达的张楚廷先生虚怀若谷、衣着朴实、和蔼可亲、平易近人，对愚生总是有求必应，用其宽阔的胸怀包容愚生的稚嫩无知，倾其所能去帮助愚生打开智慧之门。无论是学习上、工作上还是生活上，先生总是能够以其独特的方式，让我感受到自由与自尊。先生视时间为生命，规律作息，除了应邀到全国各地做报告、讲座之外，其余时间都在湖南师范大学或湖南涉外经济学院，或上课或写作，但每天下午5:10必定会去湖南师范大学工会打乒乓球，这也是与先生交流沟通的最好时机。无论是请教还是签字，都可以提前几分钟守候在那里，无须预约，轻松自如，且一定会得到先生的满意解答，满载而归。内秀外美的高晓清教授，学识渊博，治学严谨，是一朵学术上的铿锵玫瑰，温婉热情，从来都不是直呼我姓名，而是温柔地叫我“已兰”，让我如沐春风，备感亲切。他们不仅是我的良师，更是我的益友，这份师生情谊我将永生难忘。

诚挚地感谢湖南师范大学教育科学学院的老师们，是你们的博学多才、锐意进取激励着我奋勇前行。我的博士生老师中，张楚廷教授、高晓清教授、张传燧教授、石鸥教授、刘旭教授、辛继湘教授都曾经是我的硕士生老师，给予我不竭的知识源泉，三年硕士加上五年博士，我人生当中最美好的八年时光，有你们的辛勤培育，实在是我无比的荣耀与幸福。

真诚地感谢我的硕士导师张传燧教授一直以来对我的信任、鼓励与支持，导师的聪慧、机敏、勤奋、善良等都是我永远学习的榜样，俊逸潇洒、大气磅礴的字迹，犹如先生的为人为学，在谈古论今间尽显儒雅风范。优雅从容的石鸥教授，始终面带微笑，不仅纵贯中西，通晓多国语言，而且富有领导智慧和卓越的治学成就，总是站在学术的最前沿。聆听先生的报告、讲座、讲课，犹如一缕清风扑面而来，耳目一新。机智幽默的刘旭教授旁征博引，观点犀利，视角独特，同学们亲切地把其称为“智多星”。他不仅对学生关怀备至，而且与学生打成一片，深受学生的敬重与爱戴。柔中带刚的辛继湘教授，既有女性的温柔细致，又有男性的大刀阔斧，有着极好的涵养与品性，文采飞扬，妙笔生花，是学生们心中的知性美女教授。随性亲和的孙俊三教授治学严谨细致，课堂气氛活跃、幽默风趣，常常于不经意间给予学生以启迪，对生活饱含热情，积极向上，传达出满满的正能量。

才华横溢的刘铁芳教授虽然没有直接给我们上课，但每次听他的报告、讲座，都是一种精神享受，先生气质高雅，豁达开朗。从我的论文开题、预答辩到正式答辩，刘教授都能一针见血给予我最好的点拨和建议，让我受益匪浅。儒雅谦和的常思亮教授既是我的同门师兄，又是导师张楚廷先生的得意门生之一，更是我学术上的恩师和学习榜样。在论文撰写过程中，给予我许多中肯建议，常常让我茅塞顿开，豁然开朗，启迪我思想，打开我心扉，扫除了我在写作路途中的许多障碍。思维敏捷的雷鸣强教授，有着极强的概括力和洞察力，在我论文预答辩和答辩过程中，所提出的富有创意的“金点子”，说到了我的心坎上，解开了我心中的谜团，让我拨开云雾见青天。理性沉稳的张放平教授、谦逊儒雅的姜正国教授，分别在我的预答辩和答辩会上，给予我肯定与鼓励的同时也给了我许多建设性的意见和建议，在我后续的论文写作和修改过程中，起到了至关重要的作用。

此外还要特别感谢我们此次高等教育学博士论文答辩会来自校外的两位答辩专家，一位是担任答辩主席的华中科技大学教育科学学院院长张应强教授，另一位是湖南大学教育科学研究院副院长胡弼成教授，虽然两位都是湖南师范大学教育科学学院师生的老朋友，也是我们历次博士、硕士论文答辩会的常任嘉宾答辩老师，但是你们的敬业精神和发现问题的能力着实让我佩服，也让我感动。两位不辞辛苦，认真阅读我的论文，仔细聆听我的答辩报告，从学理上对我的论文提出修改意见和建议，既肯定了我的成绩，又指出了我的不足，高屋建瓴，深入浅出，为我排疑解惑。真诚地对你们说一声：“谢谢!”

感谢教科院研究生办的宋明老师、周莹老师和李雯婕老师，你们耐心细致地为我们整理各种资料，及时发送各种通知，让我们没有信息盲区，你们辛苦了，谢谢你们!

五年的博士生活，诚挚感谢与我一同奋斗的同学们。2010 年 9 月 9 日，我与高等教育学专业的其他 8 位同学——贺修炎、戴军、刘阳科、文兰芳、黄鑫、陈首洁、乔元正、曹婧，从祖国的天南海北齐聚湖南师范大学教育科学学院，开启了追梦之旅。我们 9 位同学团结友爱，互帮互助，留下了许许多多美好的回忆，你们的举手投足，你们的才气、才情与热情，都早已定格在我的心中。和你们在一起，是一种缘分，更是我的福分，我会永远珍惜。2014 年元月 15 日，是我博士论文预答辩的日子，这一天与我同台预答辩的共有 11 位同学，或许这是教育科学学院有史以来预答辩人数最多的一次。其余 10 位分别是：张晓燕、黄鑫、贺修炎、肖维、吴青峰、徐芳、段慧兰、彭熠、陈首洁、何晓澜。答辩秘书是刘楠师弟。我们由于预答辩而结缘，有着许多共同经历，大家相互鼓励、共勉。2015 年 6 月 1 日至 2 日，是我博士论文答辩的日子，或许这也是教育科学学院历史上高等教育学专业答辩人数最多的一次，共有 9 位同学答辩，其余 8 位分别是：刘艳侠、盛欣、蔡剑桥、刘楠、颜桂花、林伟红、姚敏、曾成栋。答辩秘书是何熙师妹。经过一天半的紧张答辩，大家的感情得到进一步升华。此外，还要感谢多才多艺、热情率真的同门师弟曾维华，你勤奋刻苦，吃苦耐劳，总是能够在第一时间把导师张楚廷教授的最新报告录音整理成文字材料发送给我，为我的论文研究提供最及时的第一手资料，给我的研究注入最新鲜的血液。特别感谢同门师弟张曙光所给予的关照和鼓励，多次为我免费检测论文，探讨学术观点，为我鼓劲加油。我最亲爱的同学们，感谢一路有你们的相依相伴、相识相知，我会常忆起我们在一起的每一个精彩瞬间！

我常常在想，我真是一个幸运儿。万分感谢我所在的单位——湖南女子学院的领导和同事们，是你们给予我太多的关爱和温暖，让我没有了后顾之忧，既能愉悦地享受工作与生活，又能潜心地做学问、做研究。既能开开心心地在湖南女子学院做老师，又能安安心心地在湖南师范大学做学生，没有角色转换的痛苦与煎熬。是你们的宽容体谅、无私奉献，鞭策着我扬帆远航。特别感谢党委书记罗婷教授、原党委书记易银珍教授、院长杨兰英教授、党委副书记吴洛夫教授、副院长黄立宏教授、李军波教授、贺江平教授、周美林教授、周松涛教授、陈赤平教授、人事处长周红才教授、教务处长王凤华教授、院长助理兼科研处长李昱教授、外语系系主任柳星教授、党总支书记朱建军教授、系副主任章晓宇教授，以及外语系的全体同人。与你们在一起的朝朝暮暮，让我非常开心快乐，真庆幸能成为你们中的一员，我永远爱你们。

真心感谢我的爱人杨吉字先生，是你让我在茫茫人海中缘定终身，是你的至真至诚、至善至美鼓舞着我昂扬斗志。铭记中学6年的同窗苦读、大学阶段祖国南北两端的鸿雁传情、工作后的白手起家，你我相濡以沫，互敬互爱，同甘共苦。你虽然没有直接为我做学理工作，但是我最大的精神支柱和脊梁。你常常在自己繁重的工作之余，承担大部分的烦琐家务，安慰我、鼓励我，催我奋进，助我求真。感谢我去世多年的公公婆婆，是你们养育了这么一位体贴入微、善解人意的好儿子。女儿杨静灵更是我们的骄傲和自豪，不仅乖巧懂事、聪明伶俐，而且自尊、自立、自信、自强。母亲攻博五年，女儿历经人生的两次大考——考大学、考研。攻博第一年，女儿在湖南师范大学附属中学读高三，每天我除了负责开车接送上学和放学之外，其余就完全不用操心。她以优异成绩考取了她梦寐以求的我国水利专业名校——河海大学，成为一名水利“工科女”。攻博第五年，女儿读大四，毅然决然放弃本校保研机会，奋力拼搏，最终梦想成真，考取了山东大学研究生，真的好开心。母亲博士毕业典礼是2015年6月18日，女儿本科毕业典礼是2015年6月24日，共同进步，共同提高，共同成长！

叩谢生我养我的爸爸蒋盛茂、妈妈刘锦秀，此生能成为你们的女儿真是我的福气，是你们的谆谆教诲、率先垂范促使我终身学习、不断成长。感谢我所有的兄弟姐妹们，尤其是哥哥杨志豪全家，弟弟蒋德意全家、蒋德璧全家，你们带给我的欢愉、温馨与浪漫，让我非常享受快乐人生！

俗话说："人生得一知己足矣。"非常感谢我的好友湖南师范大学工学院的胡小桃博士、湖南第一师范学院的杨秀云博士、广东金融学院的禹芳琴博士、湖南师范大学外国语学院的邓杰教授和朱小舟教授，你们的鼓励与鞭策是我前行的不竭动力。尤其要感谢我的大学同学林丹，在我艰难抉择时，是你主动热情地伸出援助之手，为我排忧解难。2015 年 3 月 27 日是我女儿研究生复试的日子，我打内心深处想亲自去济南，陪伴女儿度过这个意义非凡的时刻，第一时间分享她成功的喜悦与快乐。但时间上有冲突，我的博士论文送审截止日期是 3 月 31 日，还有一些细节需做修改，我心中充满纠结与惆怅。就在这个节骨眼上，3 月 25 日，我老公最为敬重的唯一的舅舅不幸病逝了，我们必须回老家奔丧。于是我撇开所有这一切，回到了老家，送舅舅最后一程。在这个关键时刻，是身在济南的林丹同学给了我女儿最好的后勤保障和精神支持，让身在异地他乡的女儿感受到了家的温暖，在研究生复试中力挫群雄、脱颖而出，圆梦山东大学。我会把这一切都谨记在心，继续加倍努力，走出自己的智慧人生！

蒋己兰

2015 年 6 月 8 日于长沙麓谷